金融博士论丛

JINRONG BOSHI LUNCONG

第十三辑

基于流程理论的
商业银行价值管理研究

韩 明 著

中国金融出版社

责任编辑：古炳鸿　贾瑛瑛
责任校对：张志文
责任印制：张　莉

图书在版编目（CIP）数据

基于流程理论的商业银行价值管理研究（Jiyu Liucheng Lilun
de Shangye Yinhang Jiazhi Guanli Yanjiu）/韩明著.—北京：中国
金融出版社，2010.10
　（金融博士论丛. 第13辑）
ISBN 978 - 7 - 5049 - 5687 - 3

Ⅰ.①基… Ⅱ.①韩… Ⅲ.①商业银行—价值工程—经济
管理—研究—中国 Ⅳ.①F832.33

中国版本图书馆 CIP 数据核字（2010）第 205955 号

出版
　　中国金融出版社
发行

社址　北京市丰台区益泽路 2 号
市场开发部　（010）63272190，66070804（传真）
网 上 书 店　http://www.chinafph.com
　　　　　　（010）63286832，63365686（传真）
读者服务部　（010）66070833，62568380
邮编　100071
经销　新华书店
印刷　北京松源印刷有限公司
装订　平阳装订厂
尺寸　148 毫米 × 210 毫米
印张　7.125
字数　175 千
版次　2010 年 10 月第 1 版
印次　2010 年 10 月第 1 次印刷
定价　21.00 元
ISBN 978 - 7 - 5049 - 5687 - 3/F. 5247
如出现印装错误本社负责调换　联系电话(010)63263947

摘　要

随着经济金融全球化和信息技术的发展，商业银行经营的外部环境正在发生根本性的改变，它们越来越重视自身的价值创造和价值管理。商业银行正通过价值理念和管理方法的创新，获得在绩效上的改进，重塑核心竞争力。基于此，对商业银行价值管理模式和运行机制创新展开深入研究具有重要的现实意义。

本书遵循了从一般到特殊、从理论到实践的研究方法，既有价值管理和流程再造的理论性综述，也有结合两个理论的创建性研究；既有横向比较研究和纵向的理论发展研究，也有商业银行实践的研究。在查阅大量文献的基础上，借鉴前人的研究成果，提出以流程再造作为商业银行价值管理研究的切入点，通过改善流程体系来提升价值创造效率，实现价值最大化管理。

本书以商业银行整体流程分析为基础，按照以客户为中心的原则，将商业银行流程分解为前中后台三个环节，实现价值管理与流程管理的融合。本书所指的基于流程的价值管理的内容包括前台业务流程的价值创造、中台风险管理流程的价值控制和后台综合管理流程的价值保障。本书紧紧围绕商业银行的整体流程对价值管理的内容进行充分论述，主要从以下几个方面展开对基于流程的商业银行价值管理的研究：

首先是研究前台业务流程的价值创造模式。前台业务流程是价值创造的重要渠道，前台业务流程的价值创造模式在一定程度上决定了价值创造的效率和效果。本书通过分析前台业务流程的特性，认为前台业务流程具有模块化属性，模块化为前台业务流程重构提供了有效途径。因此，研究前台业务流程的价值创造也就是研究业务流程模块间的关系和运行，进而从理念和实践两方面分析业务模块分解的依据和划分的标准，并确立了以客户为中心的模块划分标准。在此基础上，研究模块之间的相互联系和运行机制。由于模块化是在一定规则约束下实现商业银行价值管理目标的组织行为过程，因此通过相关机制协调业务模块间的动态关系，引导业务模块的价值创造，并使业务模块的价值活动符合商业银行整体目标。前台业务模块和模块间的运行机制共同构建了以客户为中心、动静结合、相互依存、相互促进的价值创造模式。

其次是研究基于前台业务流程模块化的中台风险集中管理体系。本书结合中国商业银行风险管理现状，分析商业银行前台模块化对风险管理的影响，构建基于流程模块化的风险管理体系。风险与商业银行相伴相生，商业银行风险管理的最终目标是价值最大化，只有增长、盈利、风险三维达到动态平衡，才能实现价值最大化管理。前台业务流程模块化后，风险已经内嵌于业务流程和模块中，业务流程成为风险管理有效渠道，业务模块成为风险控制主要对象。同时，业务模块化和风险管理流程化为风险管理组织结构扁平化创造条件，风险管理方式趋向专业化、集中化和流程化。

最后是研究基于前台业务流程模块化的后台价值保障体系。后台采取预算管理、绩效管理等手段能有效地对前台业务模块进行价值战略指引。预算管理将资源配置到价值创造效率高的模块，同时监测和控制模块经营管理行为，使模块的经营管理不偏离组织目标。绩效管理全方位激励价值创造，以业务条线、业务模块、产品和客户为业绩价值考评主体，以 EVA 为核心指标，建立多维的绩效考核体系。此外，业务模块化离不开信息化的支持，业务模块化需要将复杂的业务处理和管理流程电子化，给每个模块有效和便捷的业务和管理支持。

　　本书结合流程管理研究与价值管理研究的相关成果，对商业银行流程进行全景式的审视，深入研究前中后台各模块以及流程重构的路径，探讨商业银行价值管理模式创新，为中国商业银行价值管理实践提供决策参考。

目　录

图　录

表　录

1

绪 论

1.1 选题背景与研究意义

1.1.1 选题背景

"任何金融系统的基本功能都是在一个不确定的环境中,在时间上和空间上便利经济资源的配置和拓展。资源配置的单一基本功能是金融系统功能最为集中的体现……",美国著名金融学家兹维·博迪和诺贝尔经济学奖获得者罗伯特·C. 莫顿这样描述他们提出的"金融功能观"。面对如此褒奖,银行业来不及自我陶醉,随即就被两位金融大师泼了一盆冷水:"我们需要抛弃银行,并以共同基金来取而代之。"[1]

银行业或许不必如此悲观,但有一点又似乎必须认同:要仔细思考商业银行的未来。

纵观商业银行的发展史不难发现,银行因为承担资源配置、风险管理、信息提供、资金媒介和企业监控等功能,从而处于整个经济社会发展中的核心地位。而今，金融全球化发展迅猛，金融市场、金融机构和资本流动的全球化趋势深刻改变着国际银行业的经营环境和管理方式。全球商业银行正迈向全新发展时期，同时也面临前所未有的挑战。

（1）商业银行风险引起越来越广泛的关注

银行是经营风险的特殊企业，有着特殊的治理结构，以银行监管为目的的《巴塞尔新资本协议》于 2006 年开始在 10 国集团正式实施。

《巴塞尔新资本协议》的基本框架由最低资本规定、监管当局的监督检查和市场纪律构成，体现了国际银行业监管的发展趋势：合规性监管向风险监管转变，行为监管向审慎监管转变，非现场监督向实时监管转变。《巴塞尔新资本协议》要求商业银行的风险管理范畴从单一的信用风险扩展到信用风险、市场风险和操作风险三者并重，同时提供多样化的风险衡量方式和资本监管选择，促使商业银行根据自身实际发展状况不断改善风险管理。

然而，商业银行风险管理远非被动地满足监管需求而存在，它与银行自身的经济利益息息相关。"银行自成立之日起就要进行风险管理，并不是在监管当局提出管理要求后才开始实施。银行管理风险是因为它们的本职就是管理风险，银行不希望倒闭，不希望损失自己的资本金"。[①] 可见，银行风险管理能力将决定未来竞争的成败。

目前，一场席卷美国的次贷危机引发了全球金融海啸，全球金融业为此付出了沉重代价。美国银行业首当其冲，几家当事商业银行和国际顶尖投资银行纷纷破产或兼并转型，参与直接投资的中资商业银行也深陷其中，蒙受巨额损失。这次金融危机波及范围之大、影响程度之深、持续时间之长，超出许多金融机构的预期，严重打

---

① 　详见美联储副主席罗杰·富古森 2003 年 4 月 28 日在世界银行风险管理与监管会议上的讲话。

击了全球金融投资领域，很大程度上挫伤了投资者和公众的信心。这次危机因次级贷款债务人无法偿还住房贷款、银行信用风险急剧膨胀而引发，罪魁祸首是以资产证券化为代表的金融创新工具的过度滥用。

毫无疑问，金融危机带给中资商业银行的教训，远非因直接投资次级债造成损失这般肤浅，它再次向世人昭示了完善的风险控制体系和约束机制对商业银行经营的极度重要性。

（2）愈演愈烈的金融脱媒、存贷款利差减少和竞争力不足缩小了商业银行的利润空间

随着以资本市场为中心的金融新产品的开发和创造，特别是资本需求超强劲增长，证券市场的功能日益显现，国民储蓄转化为投资过程中，更多地采用直接融资方式，而不是通过银行，银行的媒介功能逐渐减弱，从而降低了利润增长速度。产品定价权制约了存贷利差的利润空间，成本和费用增长也成为传统利润来源的瓶颈。

与一般公司赖以生存的产品市场不同，商业银行所处的银行业市场由于多种原因很难达到产品市场的规范和公平竞争的要求。产品的同质性弱化了商业银行的竞争性，日新月异的产品和技术创新要求银行迅速作出反应，银行为获得未来的竞争优势正投入越来越多的资源，竞争日趋激烈。

"好钢要用在刀刃上"，利润空间缩小、竞争加剧迫使银行优化产品结构，激发银行更加珍惜资本、更加关注有限资源的最优配置。

（3）银行经营目标转向价值最大化

公司制是现代企业的主要特征，商业银行和一般公司制企业一样，股东对剩余收益的追逐自始至终就没改变，同时还要满足债权人、监管者和员工等其他相关者的利益。伴随一般企业的经营目标从利润最大化转向价值最大化，商业银行的价值最大化的经营目标也逐步确立。

长期以来，"以规模论英雄、以利润论成败"在商业银行经营管

理中占据统治地位。过度投资、盲目扩张加大了银行经营风险，久而久之侵蚀了银行的资本。以利润最大化作为经营目标存在诸多缺陷：通常所说的利润是以会计分期假设和权责发生制为前提，不能反映整个经营期间银行内在业绩和经济价值；利润最大化目标容易导致经营短期化、部门各自为政、决策次优化选择和逆向选择等行为，不利于银行可持续发展；利润容易被人为操纵，出现所谓的利润质量问题；利润最大化目标没有考虑到资本及资本成本，没有体现风险和货币时间价值；等等。价值最大化逐渐成为现代商业银行普遍认同的经营目标。

（4）"流程"理念盛行，"流程银行"成为新的竞争优势

"拥有眼光和勇气面对银行业现状的 CEO 们正在推动他们的员工重新设计新式银行，避免在竞争中落伍。"[2] "流程银行"借助现代计算机技术和信息技术将传统银行的业务、组织和管理流程进行"根本性"再造，并把新的模块化业务、组织和管理流程虚拟化，以此获取在成本、质量、反应速度等绩效方面的巨大改变。它的产生归结于金融市场由卖方市场逐步转为买方市场，客户关系从"过于注重银行单方面利益"转变为"双赢"。

银行生存和发展的关键转变是树立"以客户为中心"的经营理念，根据需求变化细分客户，并设计合适的产品和服务满足客户需求。银行的客户资源、市场结构、产品利润率及经营风险都会重新分化和组合，专业化和差异化经营成为新的竞争优势。提供产品和服务的速度、质量等成为重要的差别点，传统的最终产品竞争转变为从产品投入、开发、生产、营销和售后服务等整个业务流程的竞争。业务流程是核心，业务流程增值成为商业银行总体价值增值的源泉。

总之，商业银行凭借一般企业无法比拟的比较优势，长时间内将继续履行经济社会赋予的金融功能。事易时移，面对众多挑战和困难，银行家也意识到要因势而变，纷纷将目光转向银行内部变革：

再造业务流程以满足客户多样化和专业化需求；强化风险管理；积极探索行之有效的商业银行内部资源配置方式和激励约束机制；努力发展信息技术和网络技术，提高信息化水平，促进银行精细化和集约化管理。

近年来，受益于价值管理理念的直接推动，国际主流商业银行广泛运用流程再造、平衡计分卡、RORAC 业绩考评、全面预算、综合柜员制、客户经理制、统一授信制、后台业务集中处理、数据仓库和客户信息系统以及网上银行等先进的管理方法和工具，取得了良好的经济效益和社会效益。总体而言，商业银行作为社会的微观个体，越来越重视自身的价值创造和价值管理，以实现自身价值最大化目标，维护股东、债权人、经理人、员工和客户等利益相关者的切身利益。

在中国，近年来国有商业银行改革逐见成效，中国银监会监管逐步加强，国有商业银行巨大的资金实力、优质的人才队伍、遍布海内外的网点和广阔的市场空间等先天优势带来的效应凸显。长期以来，股份制商业银行在资产质量、资金、人才、网点和 IT 信息等各领域都处于整个银行系统的领先位置，是公认的比较出色的银行，成为中国银行体系内发展创新的先行者。国有商业银行和股份制商业银行的价值管理，最能反映和代表中国银行业价值管理的普遍状况和最新发展趋势。因此，本书所指商业银行，特指中国国有商业银行和股份制商业银行。

基于以上研究背景，本书以中国商业银行为研究对象，在回顾商业银行价值管理的发展历程的基础上，深入探讨适应金融环境新变化的中国商业银行价值管理模式及其运作机制，为中国商业银行价值管理提供理论依据和应用支持。

1.1.2　研究意义

商业银行价值管理是商业银行管理理念的一次飞跃。本书尝试提出相对完整的商业银行价值管理体系，其中将模块化、流程理论融入商业银行价值管理体系中，丰富了价值管理理论内容。本书基于流程这一独特视角研究中国商业银行价值管理，并引入业务流程模块化思想，突出模块化思想在商业银行价值管理中的理论价值。同时，本书还将分析基于业务流程的中台风险管理和后台综合保障管理，完善商业银行风险管理、预算、绩效考核以及信息化建设的应用理论。

本书将给商业银行尤其是中国商业银行价值管理实践提供理论支撑和科学依据。中国商业银行价值管理还处于起步阶段，本书提出的基于流程的商业银行价值管理模式和方法为构建适合商业银行的全面价值管理体系，为商业银行实施全面价值管理、实现企业价值最大化经营目标，提供方法指导和决策参考。

作为经营货币的特殊企业，银行如果能引入价值管理模式，可以强化管理、严防风险，辩证地处理好管理与绩效、规模与发展、速度与质量的关系，从而实现银行的稳健经营与可持续发展。推行价值管理，可以平衡商业银行增长、风险、回报三者之间的关系，从而提高商业银行价值创造能力。

此外，本书关于价值管理的研究将推动商业银行发展模式、经营模式和管理模式的良好转变。在发展模式上，将由以规模扩张为核心向以质量提高为核心转变；在经营模式上，由粗放型向集约型转变；在管理模式上，由重业务、轻管理向管理与业务并重转变。

本书对商业银行流程银行建设也有所贡献。一般的流程银行领域的研究仅基于流程管理理论研究银行经营管理，强化客户服务意识和着重银行内部效率，较少谈及流程再造导致的银行价值创造过程和价值管理方式变革。传统价值管理研究仅从价值角度研究银行管理，侧重价值管理方法和管理工具的运用及其对公司价值增值的贡献，较少分析价值理念和价值管理对流程再造的指导作用。本书则试图实现流程银行与价值管理的融合研究。

1.2 相关文献综述

1.2.1 关于价值管理的研究

1994 年，James M. McTaggart 在其专著 *The Value Imperative：Managing for Superior Shareholder Returns* 中首次使用了 VBM（Value Based Management，基于价值的管理）这个词组。从此以后，站在股东价值的角度进行思考就坚实地植根于企业战略中。从国外学者对企业价值管理研究的相关文献可以看出，他们对企业价值管理的研究内容涉及以价值为基础进行的业绩评价等各方面，且 VBM 已经在国外很多家企业得到有效的实施。

中国对 VBM 的研究还不够深入，目前国内学者对价值管理概念框架下应追求的企业目标存在不同的看法，对价值管理的侧重点也存在着分歧，特别是对于商业银行价值管理的研究相对较少。

1.2.1.1 国外的价值管理研究

国外对于价值管理的研究大致可分为理论研究和实务研究，简述如下。①

（1）关于价值管理的理论研究

Arnold 和 Davies 编辑出版的论文集中，汇集了 16 篇有关 VBM 的重要文章。编辑和作者们对 VBM 的产生背景及原因、VBM 的具体实施以及 VBM 的衡量问题进行了详细的探讨[3]。

Ittner 和 Larcker 使用 VBM 的基本框架批判性地回顾了管理会计范围内的实证研究，其结论是 VBM 的基本框架不仅能够将过去管理会计研究中的各个不同结果在统一的结构下进行重新审视，而且能

---

① 其中对商业银行的研究另作说明。

够为将来的管理会计研究提供富有成效的方法和途径[4]。

Jensen 认为，公司目标是多样性的，既要考虑生产能力及生产效率、社会福利，还要考虑管理者及股东的可信性等。而要想达到从各个角度出发的最大化目标是不现实的，因此确定单一的价值目标对于企业来讲非常必要。同时，作者还论述了价值创造并不仅仅等同于接受价值最大化作为组织目标，必须从公司远景、战略及战术角度进行综合衡量。创造价值会提高企业生产能力及生产效率，如果忽略其他利益相关者，企业是不能实现价值最大化的[5]。

Waiters、Halliday 和 Glaser 描述了使公司价值增加的驱动要素，并详细论述了这些驱动要素在市场中的体现，其最终的结果就是能够达到最优的利益相关者价值战略，并为企业提供竞争优势[6]。

Frigo 将 VBM 与平衡计分卡等并列起来，认为它们越来越有实力成为有效执行战略的核心非财务性业绩衡量标准，并详细论述了平衡计分卡及 VBM 在具体实施中的量度[7]。

（2）关于价值管理的实务研究

Martin 和 Petty 详细介绍了 VBM 的发展历史，提出了 VBM 产生的背景，阐述了 VBM 是公司财务业绩的一种新的衡量及激励办法，论述了 VBM 各项职能的具体实施，并以两家公司的实例进行对比，提出了并不是所有的企业都适用 VBM[8]。

Chopp 和 Paglia 论述了 VBM 的概念，并以两个具体的实例论述了 VBM 的实施过程。最后作者强调了其结论，即在 VBM 的实施中主要有三个重要的步骤，而其中作者提出的最后一个步骤就是"使 VBM 成为一种生活方式"[9]。

Weaver 和 Weston 考察了在 VBM 中可使用的 4 种业绩量度，即贴现现金流、股东收益（包括资本利得及股利收益）、经济利润（EVA）以及市场增加值（MVA）。作者提出的第一个观点就是，以这 4 项量度进行考察的结果是高度相关的；第二个观点是，对于 VBM 的实施，必须以战略计划为起点，必须将业绩与激励补偿相结合，必须要求高层管理人员的参与，同时要求基层职工接受 VBM 的观念并接受 VBM 的相应培训[10]。

Malmi 和 Ikaheimo 针对 VRM 在实际中的应用进行独立研究。这种研究既可以作为探索 VBM 益处的一个基本步骤，也可以为研究其缺陷提供条件。他们以分处 5 个不同行业的 6 家公司为例，探讨了 VBM 在 6 家公司的应用。其结论是，对有些公司来说，VBM 不能起到很大的实际作用，而对于另一些公司来说，VBM 对决策以及管理控制却具有强大的影响。同时，在不同公司中，VBM 的实施涉及的企业管理层或职工范围也有所不同。因此，VBM，特别是 EVA 指标要规范使用[11]。

Asaf 提出，应强化公司理财职能，努力实现股东价值最大化，并提出了针对公众公司以及控股权密集公司的价值评估模式。同时，他详细论述了公司的财务政策、风险管理、财务报告、计划及控制以及公司业绩管理的相关内容。Asaf 采用的企业价值衡量标准主要是 EVA[12]。

（3）关于商业银行价值管理的研究

《Ivey 商业期刊》于 1999 年就加拿大蒙特利尔银行施行价值管理的情况采访了首席执行官 Tony Comper，他提出以下观点：

① 实现股东价值最大化是该银行存在的意义。股东价值最大化与员工、顾客的利益不矛盾。

② 使员工接受价值管理理念的最好办法就是使他们成为股东。

③ 实现股东价值最大化方式有很多种。一是可以将某些业务出售。比如蒙特利尔银行旗下的夏理斯银行（Harris Bank）的托管业务，由于技术投入太高，最终该业务被出售给了花旗银行，获得了不错的收益。二是可以成立合资公司。在加拿大市场上，票据识别业务技术壁垒很高，他们联合加拿大皇家银行（Royal Bank of Canada）和道明银行（TD Bank）成立了一个有限责任公司，这样就能获得需要的技术，实现更大的整合[13]。

Pitman 总结了英国劳埃德银行（Lloyds TSB Bank）价值管理的 5 条经验：

① 设置单一的考核指标。劳埃德银行采用以每项业务的权益成本（Cost of Equity）为基准，用权益资本收益率（ROE）指标来进行考核。

② 以国际先进公司为标杆。劳埃德银行不仅向同业学习，更将国际上先进公司作为自己学习的榜样。劳埃德银行参考了可口可乐的成功经验，制定了每 3 年股东价值翻倍的目标。

③ 转变思想。改变了银行越大越好和应该为所有的客户提供全方位服务的观念，认为收益性比增长性更重要，摆脱无利润的产品，摆脱无利润的客户，摆脱无利润的市场是最有效的提高股东价值的办法。

④ 不断学习。培养一个鼓励说"不"、提倡询问的环境。在不断的学习和讨论中，产生很多创造性的方案。当遇到问题时，一般要求至少提供 3 种解决方案，然后从中选出一个能创造最高股东价值的方案。

⑤ 抛弃旧的方法。总是采用一种方法不会获得持续的股东价值的增长，需要创新。在这个过程中，关键是让员工对决定他们的行为和公司行为的一小部分中心理念达成一致[14]。

1.2.1.2　国内的价值管理研究

国内关于价值管理的研究也可分为理论研究和实务研究。理论研究主要集中在价值管理的模式与框架、目标、战略、风险、绩效和制度等。实务研究主要针对国内实行价值管理成功的企业进行研究。对于商业银行价值管理的研究较少。

（1）关于价值管理的理论研究

汪平首次在国内提到了基于价值管理的概念。他主要论述了以 EVA 作为关键指标实施基于价值的管理，并在书中对 EVA 与市场增加值（MVA）进行了比较。作者最后的结论是，EVA 能做的是为公司设置正确的激励和监督系统，从而保证经理人经营公司的方式与股东财务创造相一致[15]。

杜胜利站在首席财务官（CFO）的角度，从基于组织变革的管理、基于战略成本的管理一直到基于内控评价的管理及基于资本控制的管理等 18 个方面详细论述了基于变革和创新的管理。他提出，目前价值管理已经成为企业理财的主流思想，大多数人都同意基于价值的管理理念。经营战略与财务战略之间存在着密切的内在联系，企业战略是建立在同种内在联系的基础上的。企业战略的目的就是在公司控制权市场和资金市场上建立优势地位，企业战略与财务战略密不可分。首席执行官（CEO）应根据公司的发展战略提出符合公司实际的、明晰的辅助性财务战略，领导企业财务总监以及下属财务人员实现价值创造。CFO 的职责是将公司战略与财务管理融为一体，CFO 全过程地参与公司价值创造战略的制定，并与 CEO 一起，全方位培养公司的价值管理能力[16]。

汤谷良和林长泉较为系统地对基于价值的管理进行了论述。他行提出，基于价值的管理不仅是一种管理理念，也是一种管理技术，更是一种管理制度。对于 VBM 的普遍认可和接受，不仅对公司管理模式和财务控制流程产生根本性变革，也将对财务管理的理论体系和分析工具产生重大影响。作者通过对 VBM 特征的归纳，提出 VBM框架内财务管理流程梳理、模式再造的主张，强调了财务分析工具在企业管理中的功能，旨在使财务管理体系为公司价值提升发挥更大的作用[17]。

张振川具体论述了企业价值管理中的风险问题。他指出，企业价值最大化目标获得了越来越多的认同，价值创造日益成为企业的战略与经营目标。但就本质而言，价值目标是在风险调整基础上的预期收益的现值，是承担风险的补偿。事实上，企业价值是价值动因在整个企业风险系统的作用下对企业价值贡献的结果。他依据价值管理理念，探讨了企业风险体系及其对企业价值贡献的影响，进而总结出企业风险价值的若干作用机理，并试图建立始于战略决策、贯穿过程控制、终于业绩考评和责任配置的风险管理循环体系和管理制度[18]。

傅元略剖析了价值链、价值流、虚拟价值链和价值网与战略管理会计的关系，试图将价值链、价值流、虚拟价值链和价值网等类似概念集成新概念网络价值流。在网络化环境下，他探讨了网络价值链与战略管理会计的集成，建立一个基于网络价值流的战略会计集成系统，也称为价值流战略管理会计系统，为应用网络价值流解决企业战略决策和战略监控问题提供一个基本框架[19]。

刘淑莲详细论述了两种价值模式与6大价值驱动因素。她以自由现金流量价值链和卡普兰价值链为基础，从经营观和财务观两方面探索价值创造的驱动因素，研究价值创造与战略设计之间的关系，并将价值评估与价值创造结合起来，强调了价值发现和价值增值的重要作用[20]。

张悦玫侧重强调了绩效评价体系在价值管理中的作用，主要论述了绩效评价体系如何支持价值增长目标的实现、绩效评价体系如何与长远价值增长及经营联系起来，以及绩效评价体系的价值增长信息如何满足各利益相关方的需要。总之，主要以价值作为出发点论述了企业绩效评价体系的构建、价值增长数量绩效评价模型、价值增长质量绩效评价模型、价值增长绩效控制与激励[21]。

徐鸣雷主要对基于企业价值的财务战略管理进行了研究，提出并验证了企业价值与财务战略的相关性，并且提出了基于企业价值的财务战略制定模型以及基于企业价值的企业财务战略实施框架[22]。

汪平系统地论述了基于价值的管理模式。他提出，20世纪90年代中期以来，以企业价值为基础的企业管理模式逐渐受到西方企业界的认可和推崇。事实已经证明，采用这一极具科学前沿意义的新的企业管理模式，对于优化企业的管理行为，保障企业的长远可持续发展具有十分重大的意义。采用基于价值的企业管理模式,是企业管理领域中影响深刻的一场革命,因为无论是从理念上,还是在技术上,这一新的企业管理模式均与以往有着根本性的区别。重视现金流量,重视资本成本,重视预算控制,是基于价值的企业管理模式的几个重要特征。在这一新的企业管理模式中,理财行为真正成为所有企业管理活动的核心,并从根本上决定着一个企业管理素质的高低[23]。

同时,汪平与张建华从利益相关者理论与价值最大化这一财务目标是否能融合的角度出发,对价值最大化进行了论述,最后提出了价值最大化与利益相关者理论的融合方法[24]。

罗菲在国内外的研究文献和实证分析的基础上,以"VBM理论的分析—VBM框架的构建—VBM在中国的实施"为主线,对基于价值的管理进行了全面的分析和考察。基于价值管理的框架,从基于价值管理的价值基础出发,经过基于价值管理的目标选择、战略决策及衡量方法,最终全面实施基于价值的管理[25]。

(2)关于价值管理的实务研究

张金胜以中信证券股份有限公司为背景,针对公司实施规模扩张、业务拓展及内部资源整合等方面存在的问题,在系统阐述和分析VBM理论的基础上,结合具体管理环境,对价值管理体系的应用进行设计和探讨[26]。

范松林和李文娟运用经济增加值和平衡计分卡等价值管理基本概念构建了宝钢钢管公司的价值贡献模型,介绍了价值管理体系运作的初步效果。他们指出,构建价值贡献模型不仅能使财务指标及非财务指标得到价值衡量,而且由于体系的健全运作,最终达到创造价值的目的[27]。

胡响钟系统论述了宝钢股份公司财务管理的基本内容,即以企业价值最大化为导向,以全面预算管理为龙头,以标准成本管理为基础,以资金管理为核心,以资本运作为手段,以信息化技术为支撑，以制度建设为保证[28]。

何年初通过 VBM 决策表工具，对 VBM 本土化和在 TCL 集团实施 VBM 的内外条件进行分析，提出了 VBM 的实施程度菜单和本土化原则，认为 TCL 集团具备实行 VBM 的条件，通过 8 个步骤的项目规划即可将可行性变为现实[29]。

（3）关于商业银行价值管理的研究

李艳明和赵立成认为，商业银行是经营货币的特殊企业，持续稳健发展对其来说是至关重要的。他们通过对商业银行的价值管理模式和传统管理模式的对比分析，将价值管理引入中国国有商业银行的管理中，阐述了国有商业银行如何从制度创新的角度推动价值管理，实现银行的可持续发展[30]。

河川从价值管理的角度研究了商业银行不良资产管理问题，认为商业银行的价值是由债务资本价值、权益资本价值、税收屏蔽价值和风险成本 4 部分构成。一个真正意义上的商业银行，必须顺应现代企业管理要求，建立一种多元化产权结构，实现资本的所有权和使用权分离。这就要求所有者对管理者以价值最大化标准加以约束和激励，最终实现资本保值增值目标。显然，其管理途径就是实施价值管理[31]。

中国工商银行上海市分行计划财务部课题组首次提出了全面价值管理理念。他们认为，全面价值管理是指以经济资本为牵引力和约束力，将业务发展与结构优化、风险控制与收益增长紧密联系在一起，将股东价值最大化目标落实到全体员工和各项业务全过程的一种管理模式。这一价值管理的全面性主要体现在经济资本管理实施后，有利于全成本观念的形成和全流程价值管理的实施。一方面，经济增加值和风险调整后资本回报率指标充分考虑了人力资本、财务成本、资金成本、风险成本、资本成本 5 种成本，特别是资本成本是实施经济资本管理模式后才出现的，它的产生促进了全成本观念的形成；另一方面，经济增加值和风险调整后资本回报率指标与业务发展各项流程密切相连，有利于促使全流程积极参与价值管理[32]。

曹军认为，在国内商业银行中构建以价值管理为核心的管理会计体系，就是要根据精细化管理的需要，构建以产品、顾客、业务条线、机构甚至部门为分析对象的价值中心，并且通过成本分摊和计算、内部资金转移定价、风险调整经济利润等管理会计工具计算出各价值中心的盈利贡献，从而为银行内部经营决策和资源配置提供依据和支持[33]。

李志成详细分析了美联银行的价值管理工具和方法。美联银行价值管理体系的 6 大价值管理工具包括：价值战略综合管理工具——平衡计分卡（BSC），风险价值组合管理工具——组合计划（Portfolio Plans）管理，客户价值管理工具——客户分析、研究和发现目标客户（CART），精细化成本管理工具——成本测量和盈利分析系统（COMPAS），资本市场价值监测工具——每日价值分析（Daily Valution Analysis），价值空间扩展工具——并购（M&A）战略。通过在绩效、风险、客户、成本和并购等方面的管理，推动银行的价值创造[34]。

关新红在对中国商业银行经营特点进行分析的基础上，从提升商业银行创值能力的具体途径的角度出发，提出人力资源和客户是商业银行创值活动最主要的价值驱动因素和贡献因素，有效的成本管理和较强的风险防范能力可以从节流和降低风险抵减效力的角度提升创值能力，组织和流程再造可以起到优化商业银行资源传输渠道的作用[35]。

张玉喜的观点包括：以价值增值为目标的发展战略是银行实施价值管理的前提；资本管理是银行价值管理的核心和主轴；完善银行治理结构是实施价值管理的制度保障；以客户价值实现为中心的业务流程和组织结构再造是银行价值增值的保证；人力资源是银行价值创造的根本动力；企业文化建设是银行实施价值管理的观念和

文化支持[36]。

李文以中国商业银行内部资本管理为研究对象，从资本结构优化、资本风险测量和资本配置与银行价值最大化三个方面对商业银行资本管理进行了深入的研究[37]。

李明熙分两个部分阐述了商业银行价值管理理念和应用。第一部分针对银行管理的特点，按照市场价值、风险价值、附加价值和客户价值4个方面，对价值管理进行探讨，并揭示了商业银行如何基于资产负债、全面成本、全面风险、经营绩效四种渠道应用价值管理；第二部分以价值最大化作为价值管理的基本准绳，以贯彻价值战略为出发点，依次说明在执行价值预算、流程控制、绩效评价、资源配置4个战术观时，如何把价值管理理念融入和应用其中[38]。

闫冰竹从价值管理的起源入手，分别从战略规划、公司治理、资本重新整合、流程管理、客户管理、业务管理、风险内控管理、业绩评价管理8个方面具体阐述了商业银行如何应用价值管理，还讨论了以北京银行为代表的中小商业银行的价值管理实践[39]。

中国农业银行计划财务部课题组认为，全面价值管理是以银行（股东）价值最大化为根本目标，以经济价值（EV）和经济增加值（EVA）为核心，以管理会计精细价值核算为基础，以区域、机构、部门、产品、员工、客户和项目等为责任主体，以多维度价值预算、业绩价值考核和资源配置为管理机制的一种管理方法体系[40]。

1.2.2　关于商业银行流程再造的研究

1993年，哈默和钱辟出版了具有里程碑意义的《再造企业》一书。继此之后，众多学者展开了对企业再造和流程再造的研究。鉴于企业再造的研究相对成熟，本书将对商业银行流程再造的文献进行回顾。

1.2.2.1　国外商业银行流程再造的研究

（1）商业银行流程再造理论的发展历程

20 世纪 80 年代以后，银行经营变革研究日趋多元化，一些原创性的银行流程再造研究显露雏形。

Goodstein 首次倡导从工作系统着手来提高银行的经营绩效，他所强调的工作系统，实际上就是银行的二级和三级流程系统，尽管当时他并未使用"流程"这一概念。Janntt 阐述了银行如何进行定价策略调整，实现利润新的增长。两人的主张成为 20 世纪 90 年代第一代银行再造的主流策略[41]。

Bryan 作出了传统银行运作系统，即一级流程系统即将解体的预言。总体看来，这一时期的银行再造研究，尽管已经作出了一些有益的探索，但它们大多数还只是一种再造思想的萌芽，缺少清晰的研究思路和框架。这一阶段的银行再造研究仍处于"混沌"状态[42]。

进入 20 世纪 90 年代，银行流程再造研究逐渐清晰起来，进入到"显学"状态的研究。

Bollenbacher 系统阐述了银行流程再造的内涵，掀起了银行再造研究的热潮。大量咨询机构成为推动这一热潮的主力军，它们为银行经营变革问题提出解决方案，把流程再造看做是提高其客户盈利的一种路径，这种观点成为这一浪潮中的一道风景线。第二代银行再造的思想也在这一时期开始明朗起来。但是，轰轰烈烈的再造实践频频受挫，银行再造研究从激进主义趋向冷静。不同的学者从不同的角度开始对银行再造进行深刻的反思，并对下一步的再造实践提出了各种思考和建议[43]。

Allen 于 1994 年出版了《银行再造——存活和兴旺的蓝图》一书，正式使用银行再造（Reengineering the Bank）来诠释其一贯倡导的银行经营变革理念。他在援引哈默再造定义的基础上给出了一个对银行再造的间接界定，可以表述为：银行再造是银行为了获取在成本、质量、反应速度等绩效方面显著性的改变，以流程为核心进行的根本性的再思考和彻底的再设计[44]。这是一个为大家所普遍接受的定义。

Wolfarth 强调银行再造有别于其他银行变革理论，要防止对再造的滥用，再造应关注的是银行的业务流程再造。Allen 指出再造只是银行文化变革的一种催化剂，银行再造虽然着眼于流程，但是如果银行的思考方式、组织结构、员工技能、权利分配、价值观和管理制度等因素没有随着流程进行重大的改变，再造是无法成功的。只有企业文化经过转型和重塑，才能将银行带入一个崭新的境界[45]。

20 世纪 90 年代中后期，银行再造研究的前沿从第一代——组织内的再造转向了第二代——组织间的再造，从而把银行再造研究推向了新的深度。

Taylor 发表《战略性外包》一文，对跨越银行边界更好地实行战略性外包，实行更深层次的战略再造进行了说明[46]。

Middleton 的《新革命》也对跨越组织边界的第二代战略再造进行了总结和探索[47]。

（2）国外学者研究现状

Neckopulos 提出了再造中的技术战略观，认为运用战略分析方法来优化技术效益的卓越案例在很多银行和金融业之外的产业里都能找到。在金融服务业中，再造可带来文件管理和抵押贷款方面的新发展[48]。

Hall 等在对一百多家再造企业进行调研的基础上，发表了《如何使再造真正启动》一文，他们指出再造必须达到一定的深度和广度，他们还对德意志银行下属的意大利银行通过再造成功实现转型的案例进行了分析[49]。

Zack 总结了美国 CSC 指数公司对北美 47 家再造银行的调研结果，发现银行在为再造设定目标时，起点最好要高一些，而不能仅仅局限于满足银行的安全性，因为低的目标设定往往会使银行迷失方向[50]。Zack 的《再造，无论定义如何，总在变化和成长》一文对业界关于再造的一些看法进行了汇总：真正的再造一般可以分成两类，一类是银行彻底的整体再造，另一类是温和的业务线或流程的再造[51]。

Drew 于 1994 年和 1996 年通过对北美 228 家包括银行在内的金融机构的调研，选取了改善客户服务、缩短业务循环周期、节约成本和精简人员以及更有效地处理银行增加的业务量这 4 个不同的标准来衡量金融服务业管理再造是否成功，以检验金融业中的组织、技术和环境等因素变量在再造计划成败中的影响[52][53]。

Motley 等发表《通过再造提升客户满意度》一文，对美国路易斯安那地区的 Premier 银行开始于 1993 年的通过内部融资解决的再造案例进行研究。该研究重点考察客户、股东和银行员工在再造过程中的角色，针对再造给这三个不同的利益相关方的影响进行了探讨[54]。

Johnson 等通过对再造银行 Scotia Bank 采访后发现，银行再造的成功需要持之以恒的毅力，因为一个大的再造计划往往要花费 3~5 年的时间，再造的重大变革不可避免会对银行客户和员工等相关人员造成很大影响，因此再造力求使各方面都满意[55]。

Karin 和 Alan 对北方银行为时 5 年的彻底再造计划进行了研究，着重考察了银行服务质量、人力资源与再造的关系[56]。

1.2.2.2 国内商业银行流程再造的研究

再造理论于 20 世纪 90 年代末传入中国。2000 年以后，国内有关银行再造的文献开始多了起来，研究论文散见于各类期刊，并有若干专著出现。初期的研究局限于理论的介绍和经验型的描述和总结，分别对银行再造的理念、再造的必要性和再造的内容等问题进行了说明，缺少实证研究。

之后，对银行业务流程再造的研究受到了国内理论界和银行业界极大的关注。特别是 2005 年中国银监会主席刘明康明确提出"流程银行"的概念，并表示要推动中国国有商业银行实施业务流程再造后，理论界和实业界出现了许多这方面的研究论文。

王元龙通过对 20 世纪后期以来国际银行业经营环境和运行方式变化进行综述，提出 21 世纪国际银行业将进入银行再造时代，并总结了银行再造的发展与趋势[57]。

邓瑛综述了世界银行业再造的发展动态，指出世界银行业再造经历了一个由业务流程再造向客户关系管理演变的过程，并建议中国国有商业银行借鉴西方银行再造的经验，实施组织结构、业务流程、信息技术、银行文化和员工行为的再造，以实现国有商业银行的可持续发展[58]。

欧永生对国有商业银行业务流程进行了深入的分析，总结了现有流程存在的 4 大方面的问题，并提出了流程再造的原则和主要策略[59]。

张献和等通过借鉴西方商业银行发展的成功经验，从组织结构理论的视角对中国商业银行业务流程再造进行研究，设计了商业银行经营和管理两大类流程，提出了中国商业银行业务流程再造的原则和方法[60]。

肖元飞首先回顾了制度变迁理论和银行再造理论的发展过程及研究现状；接着以诺思制度变迁模型为分析框架，从内部、外部两方面对中国商业银行业务流程再造动因机制进行了分析；然后，基于业务流程再造的特性和中国国情，对商业银行业务流程再造的变迁路径进行了分析；之后，以诺思的制度变迁 5 阶段模型和梅氏生命周期法为理论基础，设计了中国商业银行业务流程再造的运作模型——生命周期模型，该模型对中国商业银行业务流程再造运作的阶段和活动作了规范性的描述，构建了流程再造的框架图；最后，结合中国农业银行辽宁省分行的信贷业务流程再造实践进行实证分析，总结了其成功的关键因素，为国内其他业务流程再造提供了一个借鉴的平台[61]。

有关再造的著作屈指可数，和期刊类论文比较，它们更富系统性，研究的视角相对全面一些。下面对这一领域主要著作的内容及观点加以概述。

金运和陈辛结合浦发银行的重组与上市经历，对商业银行股份制改造以及商业银行上市方面的问题进行了研究，在当时对准备进行股份制改造的国有商业银行具有一定的参考意义[62]。

王德培主编的论文集收录了银行实业界和理论界关于银行再造的论述，涵盖的范围比较广，既有微观层次再造的论述，也有宏观层次再造的论述[63]。

田晓军将银行再造的概念从内涵到外延进行了界定。他认为，流程和本质性改革是银行再造的内涵之所在，流程再造是银行再造的核心使命，而银行再造的外延表现为经营范式的转换，它是银行再造理念与范围的延伸和拓展。他对再造的演进过程及其理论基础进行了分析，在此基础上对银行再造的设计作了深入的阐述，并对西方银行业的再造与中国银行业的集约化经营进行了比较研究，指出了中国银行业经营变革的方向。全书的论述较有系统性和逻辑性，对银行再造理论进行了较为全面和深刻的分析与总结[64]。

刘桂平对如何构建商业银行微观运行机制进行了研究。他将银行再造的主要内容界定为业务流程再造、组织结构再造和经营范围再造。他认为，业务流程再造是核心，组织结构再造是关键，经营范围再造是完成了业务流程再造和组织结构再造，是银行竞争力提高之后的一种必然趋势。该书对企业再造理论的脉络进行了整理，对中国商业银行的业务流程再造、组织结构再造、经营模式再造、客户经理制度、信息技术及其再造的配套条件等方面进行了有益的探索[65]。

聂叶在书中对银行再造理论从内涵、理论渊源、核心内容及其策略等方面进行了归纳。该书指出，银行再造的灵魂即管理创新和价值管理，而理念的再造是其核心前提；流程再造是银行再造的核心内容，但它还需要银行管理再造来予以支持和保障；组织结构创新、虚拟化经营、作业成本管理、客户关系管理等共同构成了银行再造的系统工程；价值观的变化是这一系统工程构建的重要前提[66]。

　　张民从国内外商业银行竞争力比较分析入手，从再造理念、激励机制、组织再造、绩效管理、营销体系、风险控制、流程再造、文化再造8个方面论述了中国国有商业银行管理再造的问题[67]。

　　方五一通过客观分析商业银行的个性和共性，结合中国商业银行的实际，明确了商业银行进行业务流程再造的系列前提，指明了中国商业银行业务流程再造的模式化工具，并基于整合性模式化工具，研究如何在再造模式中克服各种不利因素的影响，同时对再造绩效的评价提出新的研究视角[68]。

1.2.3　对相关文献的评述

　　对于商业银行的价值管理，国外主要是以案例或者访谈的形式对国外知名银行进行研究，文献内容以银行实行价值管理的具体步骤和细节为主，并且多出现在商业期刊上，学术期刊发表的相关论文较少。国内商业银行价值管理的研究主要集中在商业银行价值管理模式、驱动因素和资本管理，或者对商业银行价值管理涉及的相关管理方法进行综合论述，也有学者单独就商业银行中的不良资产价值管理进行研究。

　　对于商业银行的流程再造，国外学者的研究方向已从银行组织内再造转向银行组织之间的再造。国内学者对于银行业务流程再造的理论和实践思考，多是从介绍业务流程再造的内涵出发，对国有商业银行业务流程再造的必要性、再造的基本理念等方面进行阐述，为国有商业银行实施业务流程再造提供了较丰富的理论准备和一定的操作思路。

　　但是，大多数的论述缺乏对国有商业银行现行业务流程的深入探析，未能结合国有商业银行业务流程和管理现状提出系统且具有操作性的业务流程设计方案，同时，对与业务流程再造息息相关的业务模块化、绩效评价体系再造等方面也缺少深入的研究。

1.3   研究目的与研究思路

1.3.1   研究目的

理论界较少系统论述商业银行价值管理和价值创造的机理，以流程为视角更为罕见。学术文献着重研究具体的价值管理工具、管理方法或者具体的价值评估技术，且各有侧重，较少从整体角度来分析商业银行价值管理。实践上，各种价值管理方法层出不穷、包罗万象，如作业成本法、EVA、平衡计分卡、流程再造等。每一种方法背后都反映了某一管理特色和管理重点，且相对独立、自成体系。因此，有必要从理论上进行梳理和整合，建立内容全面、流程完整、目标清晰、方法科学的商业银行价值管理体系。

在新的经济发展阶段，研究和探讨建立一种适应金融环境变化的商业银行价值管理模式，指导商业银行管理实践，尤为必要，本文拟就此进行一些尝试。商业银行是经营货币的特殊企业，风险意识、资本意识、监管意识和信息意识成为商业银行价值理念的核心内容，风险管理、资源配置、激励与约束和信息化建设成为现代商业银行最核心的管理问题。本书选取这几个方面作为价值管理研究对象，将其与银行价值创造过程有效结合，并从流程视角进行研究。

1.3.2   研究思路

本书围绕"银行价值最大化"这一终极经营目标，首先基于流程管理理论将银行内部的价值创造和价值管理主体划分为前台、中台和后台，分别履行价值创造、风险管理和综合保障的功能。其中，中台的风险管理和后台综合保障中的预算管理、绩效考评是银行最核心的价值管理活动，共同作用于前台业务的价值创造过程。后台和中台分别通过中台风险管理流程和后台保障流程服务于前台，前台通过业务流程服务于客户，这一完整流程包括支持价值创造管理、价值控制管理和价值创造实现三大环节。本书价值管理的流程研究视角因此而来。

"以客户为中心"是实现银行价值最大化目标的核心经营理念。银行通过向客户提供产品和服务来满足客户需求，客户需求的变化必然会引起银行的快速反应，不同客户的需求也要求银行能提供差异化的产品和服务。这一逻辑促使与客户直接接触的银行前台发生深刻变革。

从整个银行看，前台主要履行的是价值创造职能，它必须为不同类型的客户提供差异化、多样化、个性化的产品和服务，同时必须能够快速响应、迅速满足客户对银行产品和服务的各种需求。本书将前者称为业务模块，后者称为业务流程。由此产生了前台业务模块化和模块内业务流程化的内部管理变革，这一变革的主要目的是适应前台价值创造过程，通过业务流程最终为客户提供方便、快捷和差异化的金融服务，快速满足客户需求，实现银行价值，提高银行市场竞争力。

同时，前台业务模块化和模块内业务流程化思想传递到中台和后台，将改变中台风险管理、后台预算管理和绩效考核的管理主体、管理方式和管理对象，主要表现在两方面：一是中台和后台应该和前台一样，实行模块化管理，整合已分散的管理职能，集中控制和管理职能活动；二是前台业务模块化和流程化后，中台和后台的管理模块作用的对象，从传统的分支机构或产品转化为前台模块和流程。

信息技术在银行价值管理和价值创造过程中的作用不言而喻。信息系统是前台、中台和后台相互交换信息的重要媒介，也是三者自身信息积累和输出的关键通道，因此本书也将其纳入商业银行价值管理体系中。

　　围绕这一研究思路和研究逻辑，本书以规范研究为主，同时采用定性与定量相结合的研究方法，分析商业银行价值管理实践。大量运用图表是本书的一大特色，一方面将具体问题抽象为方法和模型，另一方面又将抽象理论通过图表形象地描述。

1.4　内容安排和研究创新

1.4.1　内容安排

　　根据本书的研究思路、研究内容之间的逻辑联系，研究内容共分为6章，第1章是绪论，第2章为理论基础，第3章至第5章为主体内容，第6章是商业银行价值管理应用，最后为结论。具体安排如下：

　　第1章为绪论。本章首先介绍和说明研究的选题背景和研究意义，回顾和梳理企业价值管理及商业银行价值管理的国内外文献，探索商业银行价值管理的发展趋势，确立基于流程管理这一视角对商业银行价值管理进行研究的思路。本章还就研究方法及内容安排等相关内容进行了阐述。

　　第2章为相关基础理论与本书研究框架。本章首先从价值管理理论分析入手，阐述价值管理的内涵、目标、特征及内容，奠定分析基于流程的价值管理运行的理论基础；其次，从流程理论着眼，理解流程再造的内涵，分析在价值视角下流程再造的影响因素以及再造的路径和方法；最后，结合价值管理理论和流程理论，提出在流程基础上实施商业银行价值管理是价值管理与流程再造理论有效融合的创新应用，提出价值管理的分析框架，阐述商业银行价值管理分析框架的内容、基于流程的商业银行价值管理的主要特征，总结基于流程的价值管理主要观点。

第3章为基于流程的商业银行前台业务模块化与价值创造。本章首先阐述了模块化产生的动力因素，模块化的产生既是组织节约内部交易成本和解决集权分权问题的制度选择，也是信息技术发展推动的结果。由此分析商业银行模块化的原理，分析说明模块化和业务流程的相互关系，即业务流程具有模块化的属性，模块化是业务流程分解的结果，因此，业务流程再造可以选择模块化的方法。业务流程又是商业银行流程中的核心环节，通过分析商业银行业务流程关系的实质，认为只有打破传统职能化的流程体系，才能提高商业银行的运作效率，所以，流程再造成为必然。最后，研究了以客户为中心的业务流程模块化通过一定的价值创造模式转化为实践的过程。

第4章为基于流程的商业银行中台风险管理与价值控制。本章着重从风险管理体系角度，探讨业务流程模块化后风险管理主体、客体和管理方式所发生的变革及其管理创新。首先分析商业银行风险内涵及风险管理的最终目标，阐释了风险管理的价值控制机理，明确商业银行风险管理与价值最大化的密切联系；然后进一步分析商业银行业务流程模块化趋势对风险管理产生的影响；最后详述业务流程模块化条件下如何构建商业银行风险管理体系。

第5章为基于流程的商业银行后台综合管理与价值保障。本章从前台业务模块化给后台保障管理带来的影响和变化入手，分析传统预算管理与模块化预算、传统绩效考评与模块化绩效考评的不同，详细描述了模块化的预算方法和绩效考评方法，并设计出基于模块化的后台管理的组织架构和管理流程；最后，分析了模块化下商业银行信息管理的特征、模式和措施。

第6章为基于流程的商业银行价值管理实践。本章着眼于流程银行理念推行与商业银行价值管理的实施现状，总结商业银行实施价值管理的成效，剖析商业银行价值管理实践中存在的主要问题，结合商业银行经营管理现状，研究应对策略；最后，展望了商业银行价值管理的发展方向。

最后为结论部分。总结本书的主要研究结论，简要说明存在的不足。

本书研究框架如图1.1所示。

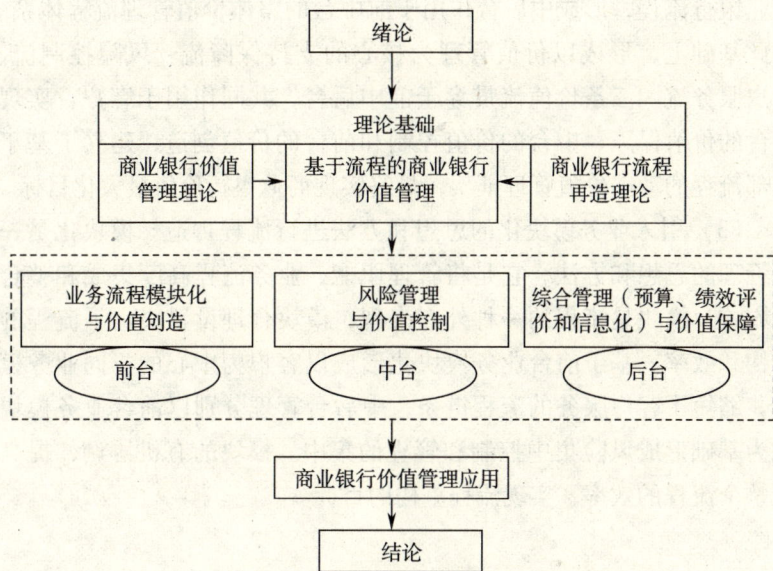

图 1.1 本书研究框架图

1.4.2 研究创新

本书以流程的视角研究商业银行价值管理，借鉴现有研究成果，在研究思路、研究方法以及研究内容上都具有一定的创新。主要表现在以下几个方面：

（1）全新诠释关于商业银行价值管理内容。本书认为，价值创造是价值管理的核心，价值控制是价值管理的重点，价值保障是价值管理的基础，三项价值活动都是在价值管理战略的指引下展开的。

以价值为核心的战略目标、价值创造、价值保障和价值控制 4 部分内容共同实现了价值生成、价值转移、价值传递和价值实现，构成了商业银行价值管理的主要内容。

（2）创新性地构建基于流程的商业银行价值管理模型。在价值战略导引下，以商业银行的流程重构作为价值管理的突破口，理顺商业银行流程，形成中后台作用于前中台的整体价值管理流程体系。在此基础上，形成以价值管理为核心的支持保障流、风险控制流、客户服务流。三条价值流贯穿于前中后台，共同作用于客户，实现后台的价值保障、中台的价值控制和前台的价值创造，建立了基于内部流程的动态价值管理框架，最终实现商业银行价值最大化目标。

（3）引入业务模块化的思想和方法进行流程再造。模块化是一种管理的思想和方法，它是将管理职能、业务流程高度集成和整合的方式，模块是流程的一种外在表现，模块合理设置决定了流程的结构和效率。基于前台业务模块化形成以客户为中心的不同业务模块，缩短了客户服务的流程链条，中后台管理分别以前台业务模块化为基础形成风险集中控制和管理的集中。模块的有机协调，提高了整个流程的效率，实现流程重构的目标。

2

相关基础理论与本书研究框架

　　流程是经营管理活动的载体，因此任何经营活动从起始到终结都是通过每个流程环节实现的。在流程基础上研究价值管理，覆盖了商业银行创造价值的所有流程环节，有助于全面挖掘商业银行价值创造潜力。从流程角度研究价值管理赋予了价值管理研究全新的视角，从优化流程角度创新研究价值管理的内涵、目标、特征和内容，有助于人们从更深层次发现和掌握价值管理的本质和特征，在实践中更好地运用价值管理。

　　任何一项研究都是建立在一定的基本假设和理论基础上的。同样，从流程的视角研究商业银行价值管理也必须在一定的理论基础上展开分析，本章将重点讨论流程理论和价值管理理论，并试图进行两个理论的融合研究。

2.1　商业银行流程理论

2.1.1　商业银行流程的内涵与理论变迁

2.1.1.1　关于流程的内涵

　　国内外学者先后从不同的角度对流程进行了多方面的研究，但迄今尚未形成统一和权威的定义。本书借鉴国内外学者流程研究的成果，总结目前理论界的各种观点，对流程的内涵进行研究。

国内外对流程内涵的总结见表2.1。

表 2.1　　　　　　　　　　　流程定义比较

研究角度	时间	研究者	定义
流程过程观	1993	Kaplan 和 Norton	业务流程是一系列相互关联的活动、决策、信息流和物流的集合[69]
	1995	Johnson	业务流程是把输入转化为输出的一系列相关活动的结合，它增加输入的价值并创造出对接受者更为有用、更为有效的输出[70]
	1998	Malhotra	业务流程一般是根据始点、终点、界面和相关组织单元，特别是顾客单元来进行定义的[71]
	2001	孙国忠和赵文祥	业务流程是指一项业务从投入（开始）到产出（结束）的全过程，由许多小过程组成[72]
流程结果观	1990	Davenport	业务流程是产生特定商业银行输出的一系列逻辑关系相关活动[73]
	2001	Hammer	业务流程是指为客户创造价值的、相互联系的、有组织的活动[74]
	1997	芮明杰和钱平凡	业务流程是指为完成某一目标（或任务）而进行的一系列逻辑相关的活动的有序的集合[75]
	2001	张继焦	业务流程是指为特定客户或市场提供产品或服务而实施的一系列精心设计的活动，其强调的是工作任务如何在组织中得以完成[76]

资料来源：作者根据相关资料整理而得。

其中，对于流程的定义有两点需要说明：首先，很多学者对流程的定义都使用了"业务流程"这一概念。此处的"业务流程"是广义的业务流程概念，是企业运作过程和经营管理流程的统称。而本书对广义的流程使用"流程"这一概念进行表述，对直接面向客户的流程，即前台流程用"业务流程"概念进行表述。其次，虽然关于流程的研究林林总总，但可以总结为两个方面，一是强调管理过程的流程研究，二是强调组织目的的流程研究，即流程过程观和流程结果观的研究。

综合分析国内外学者的定义，本书认为用流程结果观来研究流程，能有效地将流程与组织目标紧密结合。所以，流程是直接或间接为客户创造价值的一系列活动的有序集。流程是商业银行实现价值管理的载体，不同的流程设计是商业银行管理模式和组织结构的基础。

2.1.1.2 关于流程理论的变迁

（1）企业流程再造

在理解流程内涵的基础上，许多学者对流程进行了更加深入而广泛的研究。美国著名学者迈克尔·哈默（Hammer M）提出了流程再造，他认为流程再造是对企业流程进行根本性的重新思考和彻底性的重新设计，以求在速度、质量、成本、服务等各项绩效考核的关键指标上取得显著改善[77]。

流程再造理论的提出，具有革命性意义。它突破了传统职能分工中部门与部门之间的界限，抛开原有的组织框架，从顾客需求和流程需要出发，通过重构流程，优化流程，提高和改善企业绩效。在不到 10 年的时间里，流程再造就在企业界得到应用并取得了巨大成功，产生了广泛的影响[65]。例如，Ford 公司将订购业务流程进行重组后，办事效率提高了 60%，办事人员减少了 3~5 名。BIM 信用卡公司通过企业流程再造，使信用卡发放周期由原来平均 7 个星期缩短到 4 个小时。柯达公司对新产品开发实施企业流程再造后，将一次性照相机（35mm 焦距）从产品概念到产品生产所需要的开发时间从原来的 38 周降低到 19 周，同时工具制造成本降低了 25%。

惠普、联邦快递、施乐等公司的流程再造实践也使企业绩效得到大幅提高。企业运行流程再造取得了良好的成果。

（2）银行流程再造

银行流程再造是流程再造理论研究向金融领域扩展的结果，是遵循企业流程再造原理发展创新而来。1997 年，保罗·H. 艾伦在《银行再造》一书中给出了银行再造的定义：银行为获取在成本、质量、反应速度等方面显著性的改变，以流程为核心进行的根本性再思考和彻底再设计。银行流程再造着眼于价值，以客户导向和金融服务创新为中心理念，通过将原有流程分解为基本业务单元，进行流程的重构，实现流程合理化、科学化和高效率[2]。

根据保罗·H. 艾伦给出的定义，可以从 3 个方面对银行流程再造加以认识：

一是银行再造必须从根本上变革商业银行长期固有的、传统的经营管理理念。受到斯密"分工"思想的影响，长期以来银行在经营管理中的等级制度、职能划分割裂了流程的业务逻辑。为此，要打破传统的经营理念，进行创造性思维。银行流程再造要求从根本上结合内外部价值链分析银行定位，确定银行应该做什么，该怎么做，而不是在既定的框架中调整。

二是银行再造要求对传统银行进行脱胎换骨式的彻底改造，而不是小的改革和修修补补。从本质上说，银行再造是一场革命，而不是一种改良。

三是再造后的银行必须取得显著改善。迈克尔·哈默（Hammer M）为"显著改善"制定了一个目标，即"周转期缩短 70%，成本降低 40%，顾客满意度和企业收益提高，市场份额增长 25%"[77]。否则，就不足以说明取得了显著改善，或者说，再造未取得成功。

基于银行流程再造理论的研究，本书认为，商业银行流程再造是一种理论，同时在商业银行管理实践中它也是一种理念和管理方法。商业银行流程再造分为两个层次，即业务流程再造和管理流程再造，其中业务流程再造是核心和基础。具体来说，商业银行的流程再造颠覆传统的管理理念，以客户为中心对前中后台进行流程再造，前台业务流程再造是中后台管理流程再造的基础，前中后台流程相辅相成。银行流程再造的目的是建立面向客户的价值增值型流程，关注再造过程中人、技术、资金等资源要素的有机结合，将各种资源要素合理地配置在流程的各环节，有效提高商业银行的经营水平，促进商业银行整体绩效改进，实现商业银行价值创造。

2.1.2 商业银行流程再造影响因素分析

流程再造的影响因素是关系流程再造成败的决策变量。商业银行流程再造是一项复杂的工程，分析其影响因素对研究流程再造的方法和流程再造的效果有重要的作用。因此，商业银行流程再造的影响因素分析侧重于影响因素对方法选择的引导以及影响因素对再造效果的影响。

（1）物理因素。物理因素是构成流程的基本要素，包括人、环境和技术等。首先，人的因素。人是流程改造的主推手，任何一项经营活动均是由人创造和实施的。由于组织中存在不同职能角色的人，因此不同的人对流程的影响程度又存在差别。管理者决定了流程改进能否持续进行；员工是推动流程重构顺利进行的重要力量。其次，环境因素。从相关利益者的角度分析，包括客户、同业竞争对手、战略同盟、监管者。流程再造就是要协调所有相关者的利益，一方面与利益相关者形成合作关系，另一方面，及时对竞争对手所采取的竞争策略和市场结构的变化作出迅速调整，适应外部市场的变化，使银行的服务变得更加快捷，更好地吸引客户。最后，技术因素。技术是商业银行流程再造的基础工具和手段，直接影响流程再造效率和流程再造的进程。

（2）制度因素。制度是推动流程再造和组织正常运行的关键因素。与流程配套的制度，能有效推动流程再造的进程。因此，在流程重构的同时，完善授权和激励机制的建设，以及对原有科层制的管理体制进行相应的调整，才能使基于流程的内部管理得到有效的保证。

（3）机理作用因素。各种流程影响要素间的均衡就是各种要素间相互作用的机理。一些学者对机理进行了研究，并用模型加以详细分析和说明。

其一是 Kettinger 和 Grover 等人提出的流程变革模型。从分析影响商业银行流程的内外因素，即从顾客、供应商、经济状况等外在因素以及管理、信息技术、流程结构等内在因素入手，研究商业银行流程各要素之间的关系。该模型认为，再造过程受到内外因素的共同影响，流程再造的效果最终体现在商业银行产品品质、生产成本、顾客满意、灵活性和股东价值等方面（见图 2.1）。

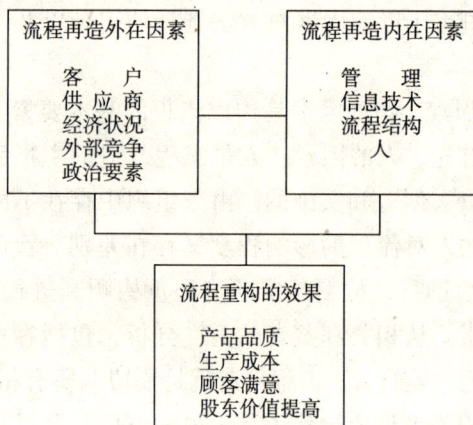

图 2.1　流程影响因素分析

由此可以得出结论，内外因素都要具备且能维持平衡关系的时候就能获得最大的成功。当客户对产品和服务感到满意时，就能获得商业银行绩效和竞争优势。

其二是 Marchand 等人提出了将人力、信息技术和科技三者联系在一起的流程变革模型（见图 2.2）。他们将商业银行分成组织文化、组织结构、协调、人力、科技和资讯 6 个层面。商业银行若要获得流程再造成功，任何改变都必须与其他层面的变革维持平衡。其中，文化和协调代表商业银行的动态活动，人力和信息技术则是商业银行再造所利用的资源。该模型实质是对流程再造的各种因素进行有机的整合，重构一个新流程。

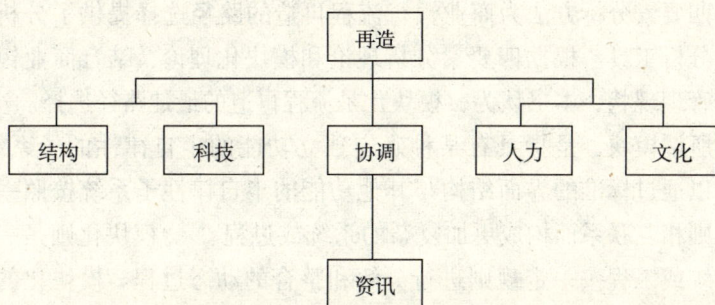

图 2.2 Marchand 的流程变革模型

2.1.3 商业银行流程再造的路径选择

目前，理论界流程要素分析方法主要有二要素法和四要素法[68]。二要素法认为流程重构取决于两个要素：一是客体或客体载体；二是主体。

四要素法是二要素法的延伸。四要素法是从 4 个基本要素着手分析流程再造的关键环节。一是改变业务活动本身。通过删减、合并等方式改变业务流程。二是改变活动间的关系。通过改变活动的次序和改变活动间的路径关系，提高流程效率。目前常用的做法是将串联的活动关系变成并行的活动关系，改善流程的反应速度。三是改变业务活动的承担者。首先，改变业务活动的界限，根据客户类别重新设计内部流程，把不同类别的客户所需的流程集成起来，真正满足客户的需求。其次，改变权利关系，使得集权与分权、决定权和执行权有机统一，强化对流程整体的管理。最后，改变人力资源配置。将效率最高的人力资本都用在客户关系管理上，加强营销，强化客户经理与客户点对点的接触与信息反馈，关心、了解客户需求，进而发掘商业银行新的市场。四是改变活动方式。信息系统是流程管理的工具。信息技术的不断发展，将推动管理方式和方法的变革。

四要素分析方法为商业银行流程再造的路径选择提供了分析思路和分析工具。根据四要素分析理论和模块化理论，结合商业银行流程管理现状，本书认为，模块化是流程再造的最佳路径选择。

所谓模块，是指具有某种确定独立功能的半自律性的子系统，它可以通过标准的界面结构与其他功能的半自律性子系统按照一定的规则相互联系而构成更加复杂的系统或过程[78]。模块化则是一个将系统或工程按一定规则进行分解和整合的动态过程。模块化的结果就是形成满足经营管理发展需求的新模块。

本书将模块化思想用于流程再造，即用模块化的方法重构以客户为中心的流程体系结构。对商业银行流程重新梳理，进行业务上的专业化细分，形成流程模块，将以往串联的流程结构改变为并行的流程方式，改善流程之间的关系，缩短流程环节，提高流程效率。

模块化能够将商业银行复杂流程进行简单化处理，理顺商业银行流程间的关系。模块化将成为商业银行流程再造的有效手段和方法，因为它具有独立性和不完全性，一方面模块能够独立完成相应职能，另一方面各模块职能的完成在一定程度上依赖其他模块的支持。

因此，流程模块化的过程是协调模块的关系，促进模块的沟通与协作，改善传统流程的作业方式的过程，目的是提高流程的作业效率，使模块化流程在商业银行经营管理中高效运转。

2.2　商业银行价值管理理论

2.2.1　商业银行价值管理的概念解读

价值管理源于经典经济学的价值创造原理，发端于公司控制权市场上的恶意收购活动[79]。关于价值管理，不同领域的学者有不同的研究和界定。从理论界公认的观点来看，价值管理被认为是管理学界提出的一种新的管理思想、管理理念、管理方法和管理手段。价值管理是通过对价值的有效管理，实现长期持续的有效经营。商业银行价值管理是价值管理研究在商业银行领域内的延伸。

自 20 世纪 90 年代价值管理提出以来，理论和实务界对企业价值管理进行了广泛的研究，但是对银行价值管理的研究相对比较薄弱。当前，将价值管理理论引入商业银行科学管理决策中，形成商业银行价值管理尤为必要。

商业银行价值管理明确了价值管理的任务，界定了价值管理活动的核心目标：商业银行价值最大化。商业银行经营活动决策的重点不再局限于利润最大化和内部管理职能的安排，而是围绕价值这个中心，提高商业银行的价值创造力。商业银行的经营目标、经营理念、决策标准和管理方式都发生了根本性的改变。从此，商业银行进入以价值为基础、以价值最大化为目标的价值管理时代。

商业银行价值管理过程中，价值创造成为决策和行为的评价基准，并且广泛运用经济增加值（EVA）模型评估价值，实现价值管理的量化考核。在实践中逐步探索商业银行价值创造的运行模式和管理技术。

综上所述，商业银行价值管理可以从以下两个方面理解：

一方面，价值理念是商业银行价值管理的核心思想。本书认为，商业银行的价值是考虑风险成本后的经济增加值。商业银行各个流程环节的价值创造，均用 EVA 来衡量。价值是商业银行经营行为的准绳和依据，因此要对经营管理追求的价值作出清楚的界定。商业银行明确价值的准确定位，按照价值标准判断商业银行中哪些流程环节影响价值创造，才能有效集中资源增强价值创造力。

另一方面，商业银行价值管理是一种管理方法、管理手段，也是一种管理控制系统。商业价值管理以提高价值创造能力为出发点，并在日常经营管理过程中通过有效的资源配置、激励约束等管理手段全面实施价值管理，进行价值创造。商业银行价值管理，是以价值最大化为战略目标，以价值创造为核心，通过对价值的有效管理实现银行持续的发展。

本书研究的对象是基于流程的价值管理，在分析商业银行整体流程的基础上，通过优化流程，实现价值最大化目标，在流程中贯穿价值管理：前台定位于直面客户，直接进行价值创造；中台定位于价值控制，增强风险管理能力；后台定位于价值支持保障，对前台进行管理支持决策，实现商业银行全流程覆盖的价值管理。

2.2.2　商业银行价值最大化目标

从目前商业银行面临的环境来看，金融环境复杂多变，金融机构众多，关系错综复杂，竞争激烈。商业银行在复杂的金融生态环境中求发展，一方面要加强自身的核心竞争力，迅速适应金融环境的变化；另一方面在金融生态环境中找准自己的定位，寻求与其他金融机构的合作与协调。商业银行也将随着行业边界的模糊化，融入整个金融生态环境的价值链中。商业银行的价值创造和价值流动分布在整个生态系统内。因此，商业银行的经营目标是利益相关主体进行利益协调且达到均衡的价值最大化。

虽然商业银行自身是一个价值创造系统，但是离不开对其他资源占有者的依赖。资源是价值创造系统的核心要素，资源分布于竞争者、监管者、战略同盟和整个金融生态系统之中，由各利益相关者所控制。因此，商业银行与各利益相关者形成一个互相依存的价值创造生态圈。价值创造生态圈是一个网络状的价值创造系统，它的基础是内部价值链。商业银行价值目标的确定，不仅要从自身的经营发展出发，还要考虑在整个价值创造生态圈中与各利益主体价值的联系。只有将各个利益主体的价值创造能力充分激发，才能在整个生态圈中实现商业银行的价值目标。因此，利益者相关分析是价值管理目标确定的基础。图 2.3 列举了整个商业银行价值创造生态圈的相关利益主体以及它们之间的相互关系。

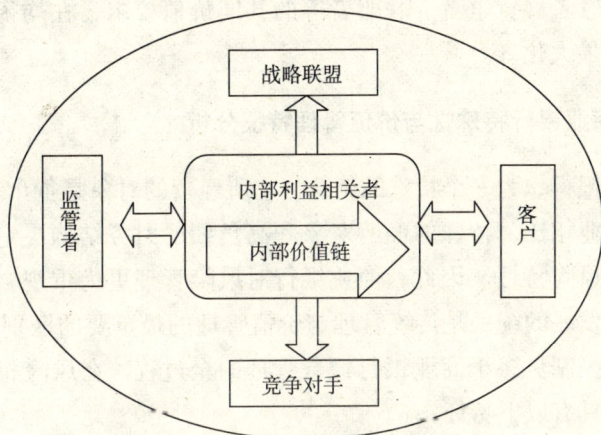

图 2.3 价值创造生态圈的相关利益主体

相关利益主体利益均衡的价值最大化目标解决了各利益主体的利益冲突。在价值创造生态圈中，商业银行单靠自己的能力无法满足客户的需要，要为客户创造价值，必须依靠包括战略联盟、客户、监管者和竞争对手在内的利益相关者的协调与合作。只有各利益主体共同把"蛋糕"做大，各自的利益才能得到保证。因此，监管者不再是简单的"警察"角色，而是要与商业银行共谋发展，帮助商业银行发现问题并解决问题，完善金融体系建设；竞争者不再进行你死我活的"零和竞争"，它们之间的关系是在整个市场中发掘新的市场和产品，一起将整个市场做大的合作关系；战略联盟和商业银行的契约关系更加密切，提高与战略联盟的合作效率，能加快整个价值创造的过程。在以客户为中心的理念下，客户不再是被动产品的接受者，而是主动要求者，商业银行的产品服务以及管理模式都会随客户需求的变化而发生迅速变化。

因此，在价值创造生态圈中，没有"单极"的强大力量，各利益主体相互牵制，相互制衡。各方不能达到各个利益主体的价值最大化，只能是利益相关者利益的均衡，满足股东、管理者、客户、员工、监管者、竞争者、联盟者等的共同价值要求，在均衡基础上实现价值最大化。

2.2.3　商业银行特殊性与价值管理特征分析

商业银行作为一个特殊的企业，它所经营的对象是货币和信用，和一般企业相比，特殊的经营对象和高负债的财务结构决定了商业银行的高风险特性。因此，商业银行对风险管理更为重视。风险控制与业务发展的统一是传统管理与价值管理的最重要的区别[36]。所以，风险控制贯穿于商业银行经营管理的全过程。在风险相伴下的价值管理具有以下特征：

商业银行价值创造与资本约束的平衡。在商业银行传统经营下，风险管理的主要手段是限额或规避，主要目的是应付监管的要求，这就容易使业务发展与风险管理产生冲突。价值管理关注风险调整后的业务发展绩效，强调业务发展的资本回报，从而使风险管理与价值创造紧密结合起来。风险管理纳入银行整体发展战略和业务发展计划，实现风险管理、业务发展和价值创造的相互制衡、平衡发展。

商业银行价值管理具有系统整体性特征。价值管理是从长期价值战略目标出发，将长短期战略目标紧密结合，满足股东、管理者、客户、员工、监管者、竞争者、联盟者等的共同价值要求。因此，银行价值最大化目标就是协调多方利益且达到均衡价值最大化，体现了商业银行价值管理的系统整体性。

商业银行价值管理具有多维度特征。商业银行价值管理的对象是多维的，各个维度都是价值创造的主体，也是价值的载体。价值管理深入到各个维度，涉及客户、产品、部门、机构以及员工等不同维度的管理，要通过充分调动各个维度的价值创造力，实现商业银行的整体价值。

商业银行价值管理"以过程为导向"。价值管理强调全过程管理，将价值管理的战略思想落实到业务流程、经营管理的全过程。价值管理方法引入管理过程的各个方面，包括战略、组织、计划、控制、评价等，特别强调运用价值观念进行战略和日常经营决策。管理层实施以价值管理目标为导向的管理，将银行价值最大化的目标落实和分解，把整体目标、分析技术、管理程序有机整合。

2.2.4 商业银行价值管理内容剖析

商业银行价值管理体系包含发展战略、组织架构及各种价值驱动因素，影响着银行经营管理的各个方面[36]。完整的价值管理包括价值最大化目标、风险管理、完善的银行治理结构、以客户为中心的流程和组织结构、人力资源管理和企业文化等内容。

商业银行价值最大化是商业银行实施价值管理的目标。银行以价值最大化作为战略绩效考评的依据，鼓励业务发展从粗放式增长转变为集约化增长，提升商业银行的核心价值。

风险管理是银行价值管理的重点。风险管理使商业银行的各项业务发展都在一定的风险约束下，实现价值创造和增长，实现价值与风险的统一。

完善的银行治理结构是实施价值管理的制度保障。商业银行的价值管理有赖于明晰的产权结构和合理的治理结构。明晰的产权使各方相关利益者的利益得到有效保障，高效科学的治理机制能够充分调动利益相关者的利益创造，促进价值增长。

以客户价值为中心的业务流程和组织结构再造是银行价值增值的保证。价值管理根据客户价值创造的原则，实现以客户为中心的业务流程再造，既满足内部客户的要求，又提高银行对金融产品和服务的效率，提高商业银行的价值创造效率。以客户为中心的流程再造能迅速适应市场和环境的变化，完成扁平化的组织结构再造，为银行业务流程再造和价值创造提供组织保障。

人力资源是银行价值创造的根本动力。员工的服务质量和效率是提高客户满意度和价值创造能力的关键，建立有效的激励约束机制激发员工的价值创造积极性，是实现价值创造的动力源泉。

企业文化建设是银行实施价值管理的观念和文化支持。企业文化是在全体员工中共同形成的价值理念和共同遵守的规章制度，把价值主体的价值行为和价值活动统一在价值目标上，文化建设为价值管理提供理念导向和观念支持。

其中，公司治理结构、人力资源和企业文化是价值管理的环境基础，也是实施价值管理的必要条件。本书假定商业银行已经具备了实施价值管理的基础条件，重点从流程视角研究商业银行价值管理目标、风险管理和商业银行业务流程方面的内容。

2.3　基于流程的商业银行价值管理研究框架

2.3.1　商业银行流程理论与价值管理理论的融合

流程理论与价值管理理论的融合，为商业银行提高效率的行为选择提供了崭新的理论依据。流程理论的核心是流程再造，流程再造作为管理理念和管理方式创新，通过优化流程结构，影响整个商业银行价值管理的组织结构基础和决策权分配，进而影响商业银行的价值创造能力。价值管理理论以价值为核心，以价值创造为目标，通过推行价值理念，将价值管理活动渗透到商业银行经营管理的各个环节。在商业银行价值管理实施中，流程起着重要的传导作用。在流程基础上实施价值管理，是价值管理理念渗透到每个流程环节、价值战略传达到每个流程节点以及价值控制和决策权快速有效地传递给价值创造主体的过程，目的是提高商业银行整体的价值创造力。

基于上述分析，流程再造与价值管理在商业银行经营管理中相互联系、相互依存：一方面，商业银行价值管理创新和改进亟待进行流程再造；另一方面，流程再造是贯彻价值理念、实现价值创造、完成价值管理目标的有效途径。因此，流程再造和价值管理在商业银行经营管理中逐步走向融合。

（1）价值管理以流程为载体

商业银行的价值管理活动以流程为载体，业务处理通过业务流程实现，管理活动通过管理流程实现。商业银行的一切价值管理活动通过流程的渠道进行传输和执行，流程是否合理和顺畅关系着管理的效率，影响价值管理的效果。商业银行的价值管理就像人的生命存续过程，流程就是输送血液的血管，流程的合理设置是价值管理高效进行的必要条件。通过流程分析，发现商业银行流程中存在的问题，进行流程再造，理顺商业银行资源传输渠道，减少业务操作中的中间环节，降低资源传输成本，使管理战略更易传达到管理的每个环节，从而提高商业银行管理执行力和价值创造力。

（2）流程再造推动价值管理变革

以客户为中心的流程再造，提高了服务专业化程度，改善了服务质量。流程再造缩短了与客户的距离，在识别、挖掘潜在客户和维护终身客户方面取得了重要突破。同时，内外流程的整合使商业银行越来越关注内外部资源的整合与协同效应，开始将附加值较低的内部活动外包出去，强化内部核心业务的价值创造功能。因此，流程再造是增强价值创造力、深化价值管理的必然要求。具体来说，包括以下两个方面的内容：

首先，流程再造引发价值管理结构变革。以职能为核心的运营模式转变为以流程为核心的运营模式，引起了组织结构的变革。为了适应流程再造，组织紧密的层级式结构将被宽松的扁平化矩阵组织结构所替代。组织结构扁平化的发展，减少了管理幅度，提高了消息上传下达和横向传递的速度和准确度，将信息失真的可能性降至最低。矩阵型扁平化结构是以共享过程控制和共同目标为特征的组织结构管理方式，可较好满足信息时代对银行组织结构提出的要求，其最大优点就是对外部环境变化能够作出最迅速的反应。管理结构的变化，提高了信息的传递效率，集中了组织决策权，节约了交易成本，放大了价值创造效应。

其次，流程再造推动价值管理机制变革。流程再造力图用有限的银行资源进行最大限度的价值创造。因此，流程再造推动了集约化的管理机制。从提高银行经营效率出发，以客户价值为依据，对银行服务进行全面的分析，通过对流程的评估，把资源集中投入到那些对价值有贡献的流程和环节中去，获取最大的价值。同时，通过与战略联盟之间的资源共享，将银行有限资源的效率和潜能发挥到极致。

商业银行应通过流程再造的方式，从根本上改变价值管理的基础，实现组织结构的扁平化，实现管理机制从粗放型向集约型转变，彻底改变价值管理的基础架构，从而实现价值管理的方式创新和内容创新，强化商业银行的价值创造能力，完成商业银行价值管理的最终目标。

2.3.2   基于流程的商业银行价值管理影响因素

商业银行价值管理受到多种因素的影响。商业银行经营管理的好坏，效率的高低既受外部因素的影响，也受内部因素的影响。这些因素既有宏观的，也有微观的因素，各种因素综合在一起，形成了价值管理的动因，即外部环境变化要求以价值为理念进行管理创新，内部的经营管理要求改变管理现状、对流程进行根本性的重构。

（1）外部因素与管理理念的转变

金融全球化使金融市场竞争日趋激烈，各国金融机构都通过大规模的市场扩张扩大业务范围，分散风险，实现并购协同效应，达到增加自身价值的目的。金融全球化的竞争给中国商业银行带来发展机遇的同时，也在风险管理、盈利水平以及服务和产品创新能力等方面对商业银行提出了更多的挑战。

《巴塞尔新资本协议》对商业银行提出了更高的资本监管要求。《巴塞尔新资本协议》代表了风险管理的发展方向，与旧资本协议相比，新资本协议对银行的风险控制提出了更高的要求，强调风险计量的准确性和标准化，突出内部评级法在风险管理中的核心地位。因此，加紧构建包含信用风险、市场风险和操作风险的风险管理体系，完善风险管理，是中国银行业面临的一项繁重而紧迫的任务，既是机遇又是挑战。提高资本充足率，更新风险管理技术和数据基础，改革内部管理体制等都是摆在中国商业银行面前的难题。

面对外部经营环境变化，商业银行在激烈的竞争和严格的监管下探寻发展的新路径，必须树立以价值为基础的核心理念，积极推行商业银行价值管理。价值管理的核心不是账面利润，而是考虑风险成本后的经济利润，强调价值不是紧盯着利润，而是动态地去发现商业银行的价值机会和价值创造环节。由此，商业银行的各项经营管理改革应统一在价值管理框架下。

经济金融环境的变化为商业银行价值管理创造了基本运行条件：一是资本市场的繁荣推动了价值管理的发展；商业银行纷纷上市和资本市场的逐步完善，对商业银行的管理水平、风险控制、经营效益等方面提出了更高的要求；二是市场经济的深入发展和金融开放步伐的加快，混业经营，国内外同业竞争加剧等，鼓励了商业价值管理创新；三是《巴塞尔新资本协议》的监管要求强化了价值管理的动机。因此，商业银行的经营管理要以价值理念为核心。

（2）内部因素与管理模式变化

外部环境的变化使传统商业银行经营管理模式无法适应以客户为中心的要求，因此，经营模式转变成为商业银行经营管理的内在要求。

首先是后台管理的驱动。后台部门职能重叠，流程过长，价值保障职能无法实施。商业银行内部职能部门不是按照是否"为客户提供方便"来设置的，各流程之间不协调，甚至产生冲突。因为流程的不合理，前、中、后台的各部门职能重叠和效用界定不清。在职能型的流程设计下，各部门不关心业务流程运行，而过多关注部门权力和资源的分配，导致内部组织机构膨胀，流程链条过长，后台管理无法将管理意图快速和准确地传递给前台价值创造流程。

其次是客户关系管理的驱动。目前客户关系管理仍停留在粗放管理的阶段，客户价值没有受到重视，产品雷同，缺乏差异性和针对性。银行的业务流程单一，客户没有细分，因此没有根据不同客户、不同业务的风险高低设计不同的业务流程，而是根据业务金额的大小划分管理权限，优质客户、大客户面对的业务流程更加复杂，并且未享受到优质和特别的服务。客户无法得到满意的服务，商业银行的价值就无法得到实现。

最后是风险管理的驱动。目前，风险防范缺乏相应流程制度配合，导致价值控制无法有效进行。虽然风险管理体系进行了改革，但是风险控制中没有一个科学的指标体系来检测，风险大小依靠部门工作人员的经验判断，造成对风险识别、衡量、控制缺乏统一的制度指导。风险管理部门与经营部门缺乏协调，经常出现风险管理与业务经营相冲突的情况。风险管理部门尚未能迅速有效地汇集系统风险，对风险不能作出迅速反应，也缺少有效转移风险的渠道。

风险管理的缺失直接影响商业银行的价值创造。

　　基于对商业银行价值管理影响因素的分析，实现传统管理模式向商业银行价值管理模式的转变，必须积极改革，通过流程转变整个商业银行的管理模式，即进行商业银行的流程再造。

　　流程再造就是要对商业银行的流程进行再思考，运用信息化手段衡量商业银行的运作程序和工作方式的价值贡献，实现业务功能集成和管理集成，打破传统的组织架构，建立新的管理模式，实现商业银行在成本、质量、速度和服务等方面的显著改善。

2.3.3　基于流程的商业银行价值管理研究框架的构建

　　商业银行整体流程和价值管理的有机结合，融合了价值管理的理念和流程再造的方法，形成了本书基于流程的商业银行价值管理分析框架。基于流程的价值管理是在价值战略目标的指引下，在流程的每个环节渗透价值管理的思想和管理方法，结合价值管理和流程再造的理论与实践，将价值控制、价值保障、价值增值等价值管理内容贯穿在流程中，实现商业银行的价值创造。构建基于流程的商业银行价值管理分析框架，如图 2.4 所示。

　　基于流程的商业银行价值管理分析框架勾勒出商业银行价值管理的基本内容和逻辑，即以价值管理影响因素分析为起点，以此确定商业银行价值战略目标——价值最大化，又以价值创造为核心，以风险控制为重点，以价值保障为基础，形成后台作用前、中台，中台作用前台的内部支持保障流、风险控制流和客户服务流。这三者紧密联系，作用于业务流程和管理流程。形成中、后台都服务于前台的价值创造，每个环节创造的价值都作用于内部价值链，最终以实现前台价值创造为终点。但是，价值创造是否达到预先设定目标要求，要与价值战略目标比较，通过分析价值目标的实际执行状况，对战略进行相应的调整，由此形成价值管理的动态管理框架和良性循环。

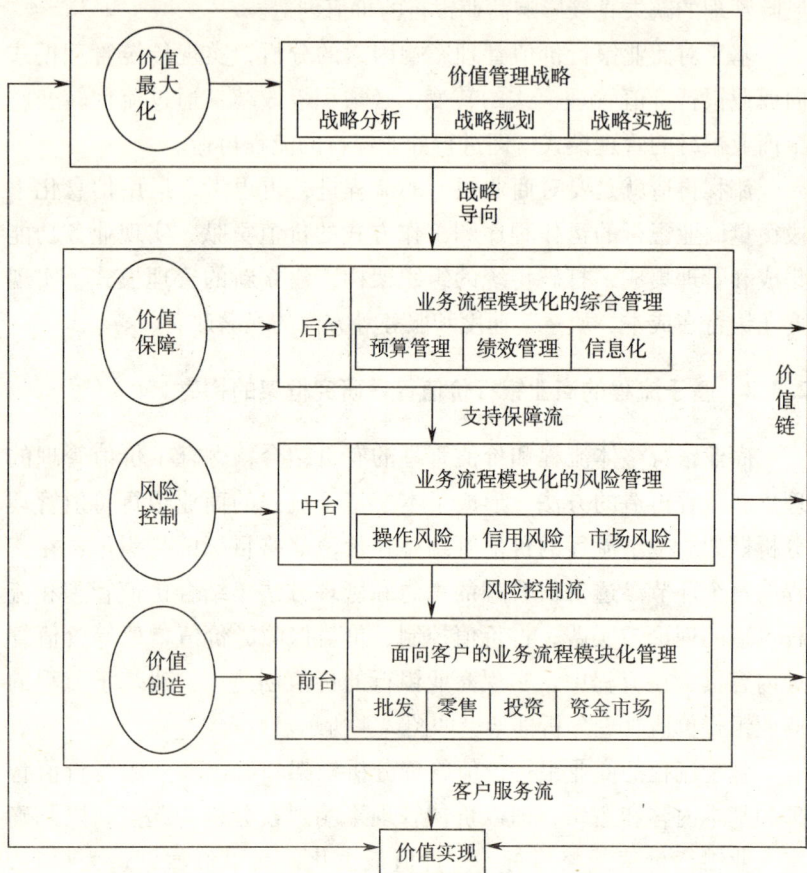

图 2.4　基于流程的商业银行价值管理分析框架

2.3.3.1　基于流程的商业银行价值管理研究框架内容

　　流程再造带来了组织结构、组织流程、组织职权和组织边界的重构，使组织结构和流程呈现出模块化趋势，组织职权呈现出放权化趋势，组织边界呈现出模糊化趋势，从而演化为全新的模块化流程。但是，由于商业银行之间的规模、业务范围等存在差异，经营管理方式和管理内容也有不同之处，因此，在构建流程模块时，不同的商业银行存在一定的差异性。本书选择商业银行经营管理中有代表性的管理和业务设置流程模块，其中，前台以客户为中心设置核心业务模块，中台关注风险管理设置控制模块，后台着重预算和绩效的配合以及信息化对业务处理和管理的支持设置管理模块。以下将具体阐述基于流程的价值管理模型各模块的职能、作用以及相互关系。

（1）价值战略目标与价值导向

商业银行的价值战略目标确定在价值管理战略制定过程中处于核心地位，价值控制、价值增值保障和价值创造统一在价值战略目标下，价值战略目标是价值管理的航标。确定商业银行价值战略目标的实质是进行商业银行战略环境和目标的选择。运用价值管理战略理论和价值链的分析方法，分析商业银行的内外部价值链，确定商业银行在价值链中的位置，确定商业银行的行业地位、竞争优势和合作伙伴，在分析自身定位基础上，提出和确定商业银行价值战略目标。

商业银行价值管理的目标，即商业银行价值最大化。商业银行价值管理战略目标引导商业银行在价值约束下的发展方向和发展远景，为商业银行发展勾勒出开放的业务流程模式和框架，提出银行总体战略和核心业务，是商业银行在发展过程中权衡得失轻重的标准，防止商业银行管理的短期行为，确保商业银行在实现短期经营业绩的同时，实现长期的战略目标和发展方向。

（2）前台业务流程模块化与价值创造

前台业务流程模块化的实质是关于内部治理成本和协调成本的制度设计和安排。分析现有商业银行流程，存在流程链条过长，流程割裂等诸多弊端，要从根本上改变流程不合理的现状，就需要重新设计流程，将分散的职能工作进行流程模块化，缩短流程的长度。前台业务流程在商业银行流程中处于核心地位，直接影响了价值管理的效果。因此，根据前台业务面向客户的特点，对前台业务流程以客户为中心进行模块化解构，划分为四大模块：零售业务模块、批发业务模块、投资银行业务模块和资金与市场业务模块。

重构后的前台业务流程，形成了多个业务模块，业务模块间也需要相互的合作与协调，因此，要在模块间引入内部竞争，引进市场机制，协调内部关系，加速内部市场化，使得各流程环节间互为"客户"。在流程再造的过程中，树立一线为客户、二线为一线的服务理念，从根本上提高服务水平。前台业务模块化重构后，集中于客户关系管理和客户服务，形成客户服务流程直接作用于客户，实现商业银行的价值创造。

价值创造是价值管理过程中实现价值的重要环节，在整个价值管理过程中起着核心作用。银行价值是通过客户消费银行产品来实现的，因此只有实现客户价值创造，才能实现自身价值。转变银行和客户之间的关系，从传统的利益对立关系向利益共同体转变，因为只有银行为客户创造价值，客户才能为银行贡献更多的价值。正如管理大师彼得·德鲁克所说，一个公司的首要任务是创造客户，能否实现客户价值是价值创造的关键。高价值的、满意的、创造利润的客户是全世界所有盈利型和增长型公司关注的焦点。商业银行和客户的共赢已成为客户价值管理的理念[35]。

（3）中台风险管理流程与价值控制

中台风险管理流程是价值管理环节中控制风险的关键环节。损失的发生对商业银行价值创造活动产生极为不利的负面影响，因此强化商业银行对风险的防范和控制能力，降低风险发生的概率，减少风险发生造成的损失，在一定程度上来说也是对价值创造的贡献。银行经营风险的特殊性，赋予风险管理重要的地位。将风险的控制权集中于中台，同时将中台的价值控制流直接作用于前台业务模块，使得前台业务拓展能在一定风险约束条件下进行，能够避免大量呆坏账的产生，把风险控制在银行估测的能够容忍的范围内。通过中台风险管理，强化内部管理和完善内控建设，实现风险的内部控制。

价值控制是整个价值管理的重要组成部分。商业银行的经营过程是一个经营风险的过程。因此，风险对商业银行的经营管理影响重大，可谓牵一发而动全身。在一定程度上讲，风险得到有效控制，就能有效提升商业银行价值。所以，中台的价值控制是要将风险控制在商业银行有效资本约束范围内，形成业务和价值均衡发展的理念，创新风险管理模式。在价值战略指引下，以经济资本为约束条件，协调业务发展与风险控制，约束非理性的规模扩张。在经济资本的激励和约束双重机制作用下，带动业务、风险控制和价值实现的良性发展，保持商业银行长期稳定的可持续发展，最终实现银行价值最大化。风险管理是一个复杂的过程，包括分析各种风险驱动因素，识别风险，建立风险评估体系，估量风险价值，进行风险监控，以便及时调整经营策略，实现风险约束下的价值创造。

（4）后台综合管理流程与价值增值保障

后台综合管理流程是传递战略管理决策和进行资源配置的桥梁。商业银行的金融服务和经营效益在很大程度上取决于决策控制、资源配置方式，后台流程的设置和与前中台流程的衔接是否顺畅，直接影响商业银行的管理执行力和获利能力，间接影响客户的忠诚度和前台价值创造。模块控制的规则制定者往往是后台管理集成模块，同时也是整个组织的主导，维持着整个组织的高效运转。

后台综合管理流程应以对前台的价值保障支持为目标，提高资源的配置和传输效率，构建快速、便捷的模块间沟通服务流程。后台作为决策控制和权力分配的中心，包括预算管理、绩效管理和信息化管理等。后台管理决策要对前台经营行为进行有效的激励约束，并通过信息化缩短前、中、后台的联系，提高向前台反馈信息的速度。通过对前台业务模块的考核和评价，以价值贡献为标准进行资源配置，并将前台业务模块的业务信息集中到后台进行处理和整合，形成能够为前、中、后台所用的统一信息平台，中、后台将前台视为服务的内部客户，提供最佳的服务和支持，形成支持保障流直接作用于前台。

价值增值保障是价值管理的中间环节。价值增值保障，主要包括商业银行管理决策中最重要的环节，即预算管理和绩效管理。预算管理和绩效管理是体现战略意图、实现价值管理战略的有效工具。

预算管理为价值管理决策提供了有效信息，也为绩效管理提供了参考的依据。一方面预算管理将银行整体的发展宗旨和经营目标分解推广到最小的价值创造责任主体；另一方面，预算管理可以引导资源合理配置，根据历史的预算完成状况、价值贡献、资源使用状况等因素，在银行资源约束条件下，把资源配置到价值创造效率最高的价值创造主体中去。

绩效管理为激励价值创造提供了有效方法和手段。商业银行绩效管理是商业银行为实现价值管理目标，运用特定的指标和标准，采用科学的方法，制定相应的激励和约束制度，对价值创造活动所作出的事后评价与激励。它是商业银行内部控制系统的核心组成部分，既为商业银行管理者和全体员工指明经营发展方向，又为价值管理的有效运行提供必要条件。

在战略实施的过程中，应将预算管理与绩效管理有机地结合起来。根据战略目标梳理出战略驱动因素，制定出价值指标体系，与预算、绩效管理相衔接，改进相应的考评机制，使每个价值创造主体参与考评制度的设计，明确预算目标和绩效成果的评定，使价值管理过程中的价值创造环节得到有效的激励，使每个价值创造责任主体都能分享价值创造的成果。

不论是预算管理还是绩效管理以及其他管理方式，其有效落实离不开信息化的支持，信息化对整个后台管理起着重要的支持作用。

2.3.3.2　商业银行的整体流程关系

前台、中台和后台三个模块化的流程构成商业银行的整体流程。每个模块扮演不同的职能角色，在商业银行流程体系中，要按照价值管理的内容对各个流程环节实施价值管理。商业银行的流程好比血液循环系统，各模块就如同人的头、颈、躯干和手脚等骨骼结构，模块化流程担负着保证信息流、客户服务流、支持流、资金流和价值流等在模块间正常流转的责任。基于流程的价值管理就是通过流程的方法和价值管理的思想，保证整体流程体系中的各种流高效平稳地在模块和流程中流转。据此，设计出商业银行的整体流程，见图 2.5。

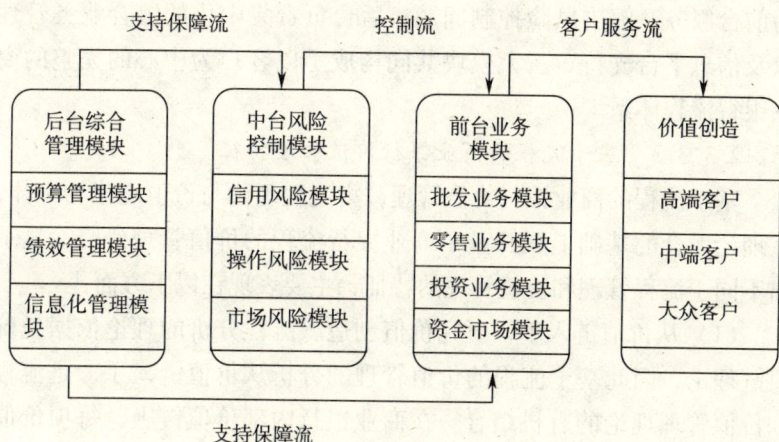

图 2.5　商业银行整体流程图

商业银行整体流程是前后顺序关联、横向延伸、纵向有序的经济活动的有机集合。商业银行整体流程可以纵向划分为前、中、后台管理，同时前、中、后台作为整体流程的环节，各自有横向延伸的业务流程。业务流程又划分为不同的价值创造模块，各模块环环相扣，又重新构成新的精密的模块化流程。前、中、后台每个流程中又有相应的子流程，前台核心业务子流程是按照模块化的方式来管理，中、后台是对前台业务进行支撑和服务的。

由此可见，流程模块化是银行流程在各个方面的延伸，是不断转移、创造价值的通道，是对多个价值主体的整合。在商业银行流程中，每个模块都由若干同类子流程组成，模块间互为竞争与协作的关系。将外部市场竞争机制引入内部模块管理，前中后台互为内部客户，前台业务模块面向外部客户，创造客户价值；中、后台面向前台内部客户，为前台提供服务，提高内部价值管理的效率，促使价值创造走向集约化和精密化。在业务流程再造的过程中，形成以下整体流程模型：建立面向市场，以客户为导向的系统化流程，实现前中后台分离。前台负责外部客户营销；中台负责风险管理，为前台服务，解决风险控制问题；后台负责集中化的综合业务管理以及信息平台支持。三大模块共同构成了以客户为中心的完整的商业银行流程体系。

2.3.3.3　基于流程的商业银行价值管理特征

基于流程的商业银行价值管理，集流程理论与价值理论为一体，在理论融合的基础上展开基于商业银行流程的价值管理研究，显示出不同于流程管理和价值管理的特征，主要表现在以下方面：

（1）从价值链入手，研究价值创造。流程分析的理论依据是价值链理论，因此基于流程的价值管理的分析从价值链入手，是流程和价值管理理论的有机结合。在商业银行内部价值链上，每项价值管理活动都是价值创造活动，商业银行的各项价值创造活动，构成了创造价值的动态过程。商业银行的价值链是由前台的价值创造、中台的价值控制和后台的价值保障三个流程环节构成。在商业银行价值创造过程中，每个流程环节都要消耗一定的资源，也同时产生一定的价值，并且由一个流程活动转移到下一个流程活动，形成价值转移的过程，最终形成金融产品和服务，提供给客户并实现价值创造。价值链的本质是价值增值，实现商业银行的价值创造。

（2）以客户为导向。客户是商业银行实现价值创造的重要因素。基于流程的价值管理，就是以客户为中心整合各种资源、各种职能和战略，使资源配置和管理职能向客户价值创造最大化的环节倾斜，促进价值增值环节的价值创造，提高整个流程的价值创造力。因此，以客户为中心优化业务流程，就是使前台服务更加贴近客户，形成前台下沉、中台上收、后台集中的管理格局，满足客户的产品和服务需求，提高客户满意度和忠诚度，并以此提升银行价值创造能力。

（3）前台业务流程的模块化管理。前台直接面向客户，根据客户的类别对前台业务进行模块化的解构，可将其分为零售业务模块、批发业务模块、投资业务模块和资金与市场业务模块。每个模块内，根据业务与管理的不同要求确定子模块，如根据客户价值贡献和重要程度，分为大众客户、中端客户和高端客户模块；按照产品和业务，可分为产品研究模块、营销模块、售后模块等。每个模块相互独立、相互服务。通过前台业务的模块化改造形成以客户为核心的客户服务流，直接作用于客户，实现客户价值创造。

（4）中后台流程的集中统一管理。前台下沉后，中后台进行上收和集中，相应的管理组织结构、管理方式和管理对象等都发生了变化，组织结构更趋于扁平化，内部控制和管理的职能逐渐从分散管理转变为集中管理，管理对象也由传统的部门、机构转变为模块和模块的产品。集中管理也是当前商业银行的发展趋势，是组织集权和分权状况下的平衡选择。集中管理，集中了权力的分配，提高了组织决策的效率。

（5）价值流模式的形成。模块化加速价值创造的机制促使了价值流模式的形成：一方面是基于信息的虚拟价值链中的虚拟价值流从管理模块向业务模块流动；另一方面是基于物质的实物价值链中的实物价值流从业务模块向外部模块流动。在这两条价值流的流动过程中，价值创造得以实现。其中实物流、支撑保障流、控制流和客户服务流成为连接内外部价值创造的纽带。价值流模式是在商业银行流程体系中价值管理的动态体现。

2.3.3.4　基于流程的商业银行价值管理实现过程

根据商业银行整体流程的划分，商业银行价值管理的对象具体化为每个流程模块。基于流程的价值管理内容可以划分为 4 个环节：价值战略目标、价值创造、价值增值保障和价值控制。每个流程环节都对应不同的价值管理内容。商业银行价值管理的实现过程是价值管理在流程中运转的过程，是价值管理各项内容密切配合和协作的过程。首先价值管理提供了战略价值分解方法，将战略目标分解到价值管理的每个价值主体，每个价值主体的目标函数共同构成整个商业银行的目标函数。两个目标函数间是协调统一的，原因在于每个价值主体完成了各自的目标函数，那么也就实现了商业银行的整体目标。商业银行价值管理的实现过程见图2.6。其中，商业银行的价值战略贯穿于整个商业银行价值管理的过程中，指引商业银行价值管理的方向。

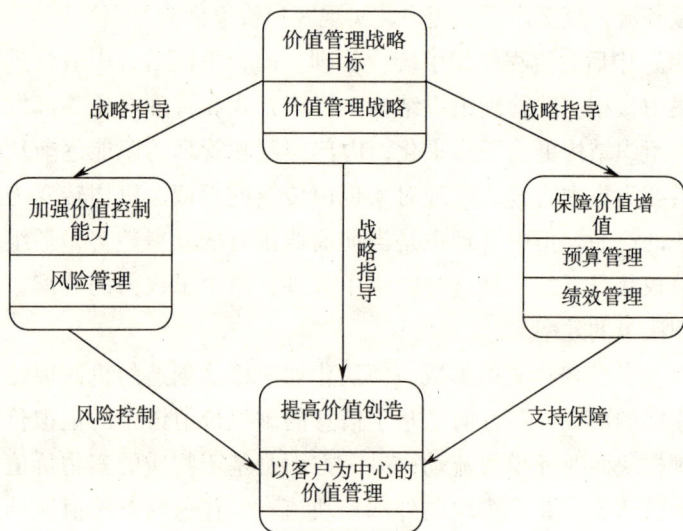

图 2.6　商业银行价值管理实现过程

　　商业银行价值管理的 4 个环节环环相扣。价值增值保障和价值控制服务于商业银行价值创造；价值创造环节面向客户实现价值管理目标，同时，价值创造促进价值增值保障和价值控制水平的提高，使商业银行的价值创造在一个内外互动的环境中形成一个良性循环，整个价值创造的过程也是价值流在价值管理过程中传递的过程。商业银行的价值战略决定了银行价值最大化的战略目标；价值战略目标影响风险管理理念和管理方式，价值控制下的风险管理强调在经济资本约束下的价值实现，因此风险管理的重点是在资本约束下，为实现银行战略价值目标进行的业务发展与风险控制的均衡；价值战略的落实通过对战略目标进行预算分解，进而对目标完成情况进行绩效评价。价值战略实施的最终结果以价值创造作为衡量标准，客户价值创造是价值管理过程的终点。

　　本书第3、4、5章内容是根据基于流程的商业银行价值管理分析框架以及价值管理的实现过程展开的，分别详细阐述基于流程的前台业务模块化的实现过程与价值创造的关系，中台风险管理与价值控制的关系，以及后台的集中管理与价值保障的关系，前中后台的价值管理都统一在商业银行价值创造的目标下。下面将具体分析阐述基于流程的商业银行价值管理的理论与实践。

3

基于流程的商业银行前台
业务模块化与价值创造

在商业银行整体流程中，前台业务流程直接面向客户，是决定价值创造的重要渠道。因此，选择模块化的方法，优化流程体系结构，提高价值创造力，是前台业务模块的重要目标。业务流程模块化的过程不仅需要构建模块化的流程结构，而且需要配套建立相应的模块间的运行机制。灵活的流程模块结构和合理的运行机制的共同作用有助于实现价值创造。本章将从模块的流程结构和模块的动态运行两个角度，重点分析商业银行业务流程模块化与价值创造的关系。

3.1 业务流程的模块化

3.1.1 业务流程模块化的发展动力

模块化思想起源于计算机软件工程，但是随后模块化越来越多地应用到经济和管理领域。一些传统行业，比如汽车、家电等行业都出现了模块化的趋势。模块化的出现有着深厚的理论基础和信息技术支持，特别是在组织的集权和分权的两难选择下，模块化成为解决组织矛盾的有效途径。随着模块化的发展以及在管理领域内的应用，模块化的思想和方法逐步被金融企业所接受，模块化成为商业银行提高价值创造效率的有效手段。

3.1.1.1　流程模块化形成的理论解释

科斯提出了交易成本（Transaction Costs）理论，该理论的根本点在于对企业本质加以解释，即企业的本质是市场关系的内部化。科斯认为："市场的运行是有成本的，通过形成组织，并允许某个权威来支配资源，就能节约某些市场运行成本。"[80]科斯的交易成本理论解释了企业机制代替市场机制的根本原因是企业机制节约了交易成本。但是企业机制如果存在与市场机制相同的制度设计，那么企业机制内部同样存在交易成本。正如安塞尔·M.夏普登所说，经济学最重要的原则之一是，"天下没有免费的午餐"[81]。企业内部的协调生产同样也是有成本的。例如，企业内部组织机构的建立和运行，企业雇用员工支付工资，这些都构成了企业的交易成本。因此，交易成本理论解释了流程模块化的原因，也为分析商业银行流程的模块化提供了分析工具。

企业内部组织结构和运作流程的设计是影响企业运行的关键因素。科层制下的组织结构使得流程以职能为中心设置，这种流程设计会导致信息传递慢、信息失真、信息分散等问题，而信息的不完全性增加了企业内部的协调沟通成本。与此同时，信息不对称又导致了委托代理问题的产生，委托代理所产生的道德风险，会降低组织管理的实际效率。面对代理人的道德风险，可以进行道德约束或者采用激励机制，不论使用何种方式，都会加大企业的成本。

由以上分析可知，企业内部组织结构的设置不合理和流程不畅会导致企业的协调成本和委托代理成本增加，因此需要对流程进行重构，用模块化方式重构流程，形成合理的流程体系，节约交易成本。流程模块化为企业节约内部交易成本提供了一种有效的方式。

企业是否选择模块化受到企业规模和生产复杂性因素的影响。如果企业规模小，流程简单，而且流程间连接密切，那么进行模块化反而会降低企业正常的运作效率。但是，对于规模比较大、流程复杂，且流程具有可分性的大型企业来说，采用模块化的方式，进行有序的模块分工，不但可以降低企业内部交易成本，而且可以提高生产经营效率。然而，模块数量并非越多越好，当模块化达到一定规模的时候，即模块化达到了最佳的规模数量时再增加模块数量就会导致交易成本过高，形成规模不经济，这样将有悖于模块化的初衷。

3.1.1.2　信息技术对流程模块化的支持

信息化革命带来了生产方式和生活方式的根本性改变，为模块化的产生创造了条件。从 20 世纪 60 年代的后台电子化、70 年代的前台电子化，到 80 年代的网络开发、90 年代的系统集成化和 21 世纪的业务流程再造，信息技术在帮助商业银行提高效益的同时，对银行的经营管理也带来了直接的影响，为流程模块化的发展奠定了技术基础。

（1）商业银行信息化与经营管理

信息技术与业务发展融合。电子银行、银证通、"B2B" 模式等新的业务的出现，都与信息技术的发展紧密相关，因此，信息技术的发展和商业银行的业务与服务的创新是紧密相连的，信息技术的发展促进了商业银行业务品种的多元化。

信息技术与管理决策结合。商业银行依靠信息化的运作载体，在进行管理变革时，在组织构造、风险监控等各方面打破时空的限制，及时获取各个维度的信息，通过内部管理信息的传递渠道，实现组织管理的集权或者分权的管理。信息技术决定了商业银行的组织管理模式和权力分配方式。

信息技术与管理方式转变。信息化在商业银行内部管理中发挥着越来越大的作用，信息技术革命改变了传统的管理方式和管理思路，为商业银行集中业务处理和集中管理提供了信息平台，推动了商业银行的集约化管理。

（2）流程模块化模式下对经营管理的要求

流程模块化能迅速适应外部市场环境的变化。模块化聚焦于提供某项服务或业务，适时根据消费者需求变化调整模块经营。同时，模块间"即插即用"合作方式的引入，提高了商业银行应对市场竞争进行战略调整的反应速度。

模块化模式要求管理观念以客户为中心。模块化就是按照客户需求重构商业银行流程的过程。目标就是以客户为中心，为客户创造价值，实现商业银行价值最大化。

模块化模式要求集中化的管理。传统的商业银行分支行体制下，每个分支机构都设立了相同的业务和服务部门。进入信息化阶段，商业银行相同的部门和职能，可以通过集中管理、集中处理的方式，改变传统分散的管理和业务处理模式，一方面节约资源，另一方面加强组织的集权，有利于扁平化组织结构的构建。

（3）信息技术与模块化的关系

商业银行信息化发展的必然要求是实现数据大集中，建立数据仓库。数据仓库是支持管理、集成的、随时间更新和持久的数据集合，是当前银行信息管理技术的主流。在建立数据仓库时要将其与综合性业务处理以及管理信息系统结合起来，即全行统一的中央数据仓库，为银行管理和业务直接服务。数据仓库的建立，实现了实时、海量的多维数据的储存和加工，为提取和分析客户信息、掌握市场变化、实现柔性管理创造了信息条件；同时，信息化为管理集中提供了技术手段。因此，信息技术为流程模块化创造了强有力的数据支撑。

3.1.1.3 组织形态两难选择的模块化解决途径

从组织形态本身演变的规律来看，模块化组织是企业自身矛盾演化的结果[82]。商业银行组织结构复杂，当商业银行规模发展到一定程度的时候总面临着集权和分权的选择，过分的集权会导致信息不充分，不能实现帕累托最优；过分的分权，信息传递环节过多，会影响信息传递效率，可能导致信息失真，增加商业银行内部的交易成本。

因此，商业银行面临着两难选择，需要在集权和分权之间寻求一种权力的平衡。所以，只有当完全由市场主导形成的模块化组织具备真正独立于科层的权威时，组织的效率才会提高[83]。

模块化组织因其特有的优越性而逐渐替代现有组织形态，成为组织发展和资源配置的新范式。根据青木昌彦对模块化的定义，模块化具有独立性和不完全性的特点。因此，一方面，在模块形成新的组织结构的时候，由于模块的独立性，可以赋予模块一定的权力，使其在一定条件下可以独立运转；另一方面，模块的不完全性决定了模块之间需要相互协调和相互合作，所以在一定程度上限制了其分权的程度。因此，模块化的组织特点，决定了它能够实现商业银行在集权与分权之间的平衡。

综上分析可以看出，根据交易成本理论，降低企业内部交易成本，是流程模块化的直接动因；内外环境的变化为业务流程的模块化提出了新的管理要求，信息技术为满足模块化新的管理需求提供了技术基础；组织形态的演进、集权和分权的管理是影响组织效率的关键因素，模块化的特性决定了模块化是解决组织形态两难选择的理想办法。

3.1.2　业务流程模块化原理

业务流程是商业银行经营的生命线，业务流程设计的合理性，业务流程的运作效率是影响商业银行价值创造的关键因素。因此，首先要理清业务流程与价值创造的关系，分析业务流程价值创造的原理。从流程再造的方法来看，流程与模块化具有天然的联系，具有模块化的属性，流程模块化是流程再造的方法选择。从价值创造模式来看，以客户为中心的价值创造模式是商业银行的必然选择。

3.1.2.1　业务流程与价值创造

由于商业银行经营的货币、信用具有同质性，银行与银行间的差别实际源于各自的业务流程，业务流程由此成为建立竞争优势和实现商业银行价值创造的重要因素。商业银行业务流程是一组以客户信息与银行内部资源信息为加工对象，共同为客户创造价值而又相互关联并按照一定顺序组合的业务活动。业务流程直接面向客户，直接为客户创造价值。

（1）商业银行内部流程关系的实质

商业银行的内部关系主要是流程环节之间的合作关系。在以部门定流程的现状下，职能决定流程，内部流程关系实质是一种职能关系。商业银行按照一定的职能分工组织流程，相互协作完成经营职能。根据哈耶克的观点，"在企业内部，对资源配置的协调主要通过信息和决策权在组织间的分配来实现，并受分工所带来的协调成本的约束。"[84]

在传统的职能决定流程的流程关系中，商业银行的各职能部门在总行的计划和命令下完成流程协调和职能工作。在权威和计划调节下的流程关系，造成部门之间职能割裂，责权利比较模糊，损害了价值活动承担主体的价值创造积极性。而且这种职能定流程的组织结构，会导致组织规模越大，部门之间的责权利关系越不清晰。因此，单纯依靠计划来协调商业银行内部责权利，而不是靠价值驱动，将导致内部组织效率低下的现象。流程整合是避免这一问题出现的有效方法。

（2）商业银行传统流程内部关系的缺陷

首先，传统流程关系下内部条块分割、各自为政带来效率损失。商业银行内部关系是由各个部门按照一定的职能来构成的。为了防止其他部门对本部门权力的介入，部门主管之间对各自权力严格划分，导致各部门各自为政，信息交流和沟通困难。职能部门主要目标是完成上级的考核任务，而不是为客户进行价值创造。传统的流程模式导致内部无效环节增加，部门相互竞争带来效率损失。

其次，缺乏内部协调一致的机制导致商业银行无法实现整体效用最大化。传统流程下各部门仅关注各自目标和活动效率，很少考虑整体效率。各个部门效用目标不一致，导致部门效用的最大化并不能带来商业银行整体效用的最大化。

最后，部门之间权责利界限模糊影响正常的经营。传统流程下，部门的责任、权利和收益是不对等的，对部门的激励约束不到位，造成信息不对称，增加了委托代理成本，影响了商业银行经营效率。

（3）商业银行内部流程关系重构

传统流程关系影响了经营效率，增加了商业银行内部交易成本。因此，改变流程关系主要是针对传统条块分割的职能分工，改变以职能定流程的观念，重新建立以客户为中心，以流程定职能的内部关系。

商业银行业务流程重构就是从根本上重新思考和设计现有的业务流程，根据客户类别，将本来分散在各职能部门的工作，按照最有利于客户价值创造的营运流程重新组织，从而建立以客户为中心的业务流程，使商业银行能适应市场的要求，实现价值最大化的经营目标。同时，内部引入市场机制，协调内部流程环节的责权利，对传统流程进行重新改造，塑造面向顾客、跨越部门的新型的业务流程。

3.1.2.2 业务流程的模块化分析

业务流程模块化，是按照模块化的原则将流程分解成一些结构和功能独立的标准的单元模块，然后按照特定的流程要求进行模块的组织，使得模块化后新的流程能适应外部竞争和客户需求的变化。因此，流程可以进行模块化的解构，同时模块化后又组合成新的流程，流程在模块化的过程中实现了重构，将不合理和低效率的流程演变为具备灵活性和适应性的模块。

（1）业务流程的模块化属性

业务流程的模块化属性说明业务流程具备了进行模块化的前提。从模块化的角度来说，流程是由若干模块构成，通过一定的规则联系起来，为共同的价值目标进行价值创造的系统。从流程的角度来说，模块是整个流程中的一个环节。任何一个模块都无法完成价值创造的整个过程，每个模块通过交换规范化的信息，进行商业银行的价值创造。商业银行经营管理复杂，流程链条众多，具有可分解性，形成流程模块化和模块化流程。流程模块化，是流程的模块化分解；模块化流程，是模块化后构成的新的流程。二者相互联系，密不可分。

其中前台业务模块化就是对流程模块化的实践，即对各项业务以客户为中心进行高度专业化分工和柔性组合。在前台业务流程中，所有业务环节都参与价值创造活动，通过业务流程模块分解，使其享有共同信息化服务平台，产生协同效应，实现前台业务模块价值创造。

（2）业务流程的可分解性

流程模块化以流程的可分解性为基础。如果流程不可分割，不能进行分工协作，模块化的流程无法正常运行。这实质上源于斯密的分工理论，正因为存在分工，流程分解为模块才成为可能。分工协作是模块化实践中的具体操作方式，因此分工标准和模块化标准选择的合理性成为决定业务流程模块化效率的重要因素。

流程分解的标准可以概括为可分性和价值性。可分性意味着分解后的流程模块在遵守模块规则的前提下可以单独运作，具有高度的独立性，联系过于紧密的流程不方便分解，因为这样分解会导致联系规则过于复杂，影响模块化组织的运转效率；价值性意味着每个流程模块的独立运作是可以创造价值的，在弥补了成本耗费之后，还能获取一定的利润。因此，遵循商业银行价值创造的基本原则，按照价值标准，对流程进行模块分解，模块才能在分工协作中有效地发挥职能。

正是因为流程的可分性在一定程度上决定了流程模块化的可能性，因此，首先应该对商业银行的流程进行可分解性的论证。对此，Carliss 和 Kim 已进行研究并指出："金融服务业完全是无形的，并且金融市场复杂多变、发展迅速，这些服务相对而言容易定义、分析和分离，可以实现模块化经营。"[85] Carliss 和 Kim 在理论上对商业银行流程的可分解性作出了肯定性的回答。从实践来看，前台业务作为商业银行的核心，具有业务服务量大、单笔业务信息量小、处理可标准化、业务模块独立性强等内生特点，因此前台业务流程具备了模块化的条件。以下具体来分析前台业务流程具有的模块化特征：

业务模块独立。业务模块具有独立性和可拆分性，每个模块的业务受理和处理可以同时进行。各个模块依赖于共同客户信息，但是业务模块与各自的信息提取不存在冲突和矛盾，可以同时根据业务需要，提取所需要的信息并进行相应的业务处理。

分工专业化。每个业务模块都有相对应的客户服务群体，模块的产品创新和服务创新更加有的放矢，能够形成差异化、专业化的客户服务。

分解后的各模块既有密切联系，又有相对独立性，在平台和资源共享的条件下，实现信息的实时互联互通，因此，业务流程具备模块化的基础条件。

（3）业务流程与模块化的关系

模块化是流程的外在表现，流程是将模块动态化的能力。流程与模块化的整合实质就是流程解构与重新组合的过程。将原有一体化流程分解为许多的流程模块，并重新整合一些相关流程，形成组织流程的模块化分布格局。流程最终表现为在一定的资源约束下具有相互依赖关系的模块活动集合。

根据商业银行运行的整体流程"管理—控制—业务发展"，其对应的模块可以划分为后台管理模块、中台控制模块和前台业务模块。每个流程环节又可以进一步分解为若干子流程，在子流程内又可以按照一定的规则进行子模块的设计。整体流程由子流程以及具有互补性的模块共同组成。模块与流程的关系如图 3.1 所示。

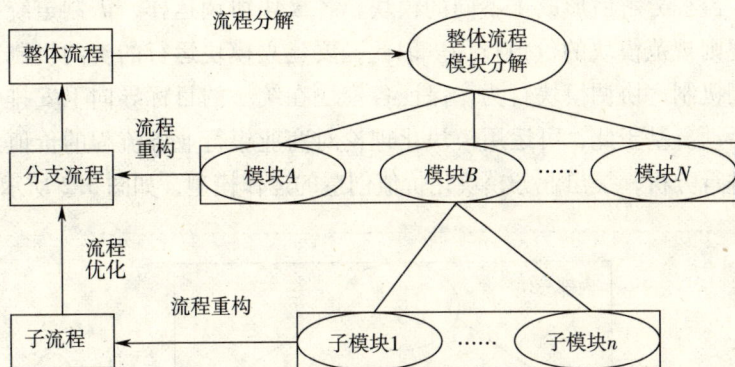

图 3.1　模块与流程的关系

流程模块化的整合过程可以理解为流程与模块层次按照新的规则和标准重新划分的过程。可按照业务的内在逻辑将流程梳理为不同层次。流程层次性也决定了模块的层次性，不同的流程包含不同的模块，其组合方式也不相同。业务流程作为商业银行整体流程中的一个层次和环节，在进行模块化过程中有其自身特点。它可以根据业务发展的需要进行纵向和横向模块间的耦合。在模块化管理下，业务模块是全行的业务核心，中后台模块为前台模块提供服务和支持，前台是中后台的客户，银行内部各模块间实行有偿服务，通过公平公正的内部转移价格形成内部结算关系。这种内部市场机制保证前台模块专注于营销职能和价值创造，同时提高了模块间沟通与协作的效率。

模块化的思想为建立柔性和灵活的组织流程提供了有益的思路。组织中的流程模块具有耦合和松散的特性，因此一个模块由不同的子模块组成，子模块间按照不同的规则和信息传递关系，又形成了新的流程。模块的组合灵活性为商业银行面对外部竞争和客户需求迅速变化实行柔性管理创造了条件。

3.1.2.3 业务流程模块化的价值创造

流程分解后形成了不同的模块，各模块协调运作，需制定统一的规则规范模块的价值行为。因此，要建立模块运行的契约机制和协调机制，协调模块行为，保证各模块在统一的目标导向下安排价值活动。基于此，可运用模块化理论对商业银行业务流程的价值创造进行分析，提出业务模块化价值创造的运作模型，如图3.2所示。

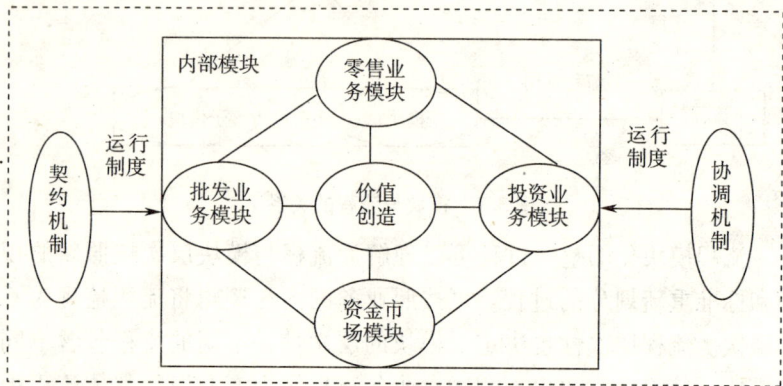

图3.2 业务模块化价值创造运作模型

业务模块化的价值创造是一个系统化过程，有赖于模块划分和运行制度的合理设计以及二者的有效配合。一方面，模块组织结构为模块运行搭建了物理平台框架。以价值创造为核心，进行流程的合理分解，形成模块化的组织结构，它是模块化运行的基础。另一方面，运行制度为模块运行搭建制度平台框架。运行制度规范和协调了模块行为，为模块化活动创建一种积极有效的和谐氛围。契约机制和协调机制的设计定义了模块是相互竞争与协作的价值创造的主体，也为各模块开拓市场新空间创造动力机制。模块组织和模块制度相互作用、相互促进，搭建起整个模块运行的平台框架。契约机制和协调机制使模块在规则的激励与约束下，实现模块间的沟通与协作，提高模块的价值创造效率。

（1）业务流程模块化的协调机制

业务模块的协调问题是由于不同模块的分工协作产生的。分工在带来效率的同时也产生了矛盾。商业银行在资源配置过程中会因资源配置不均衡引起模块不融合、运作不协调的问题。业务模块的协调机制试图通过建立制度协调各模块行为，促使模块在实现各自目标的同时，有机地配合，减少冲突，进而实现银行整体价值目标。

协调业务流程模块的本质在于对分配到每个模块的要素的协调，即实现人、技术、管理、契约的和谐统一，同时还涉及模块内部的活动协调、目标协调、技术协调，协调的根本目的在于促使各模块的效用函数趋于一致，实现商业银行价值创造效率和效益最大化[86]。

在所有要素协调中，技术的协调取决于对整个模块的认知，对模块认识深入，那么对于模块需要怎样的技术就了然于胸，从而做到"对症下药"，解决模块的技术问题。管理的协调，既包括对下的管理也包括对上的管理，对上要执行政策和战略，对下要促使所有管理要素为管理目标服务，因此管理要做到上通下达。

人的协调对于模块化后整体流程的效率和效益更为重要，因为人是价值创造的主体，人的协调在于人对模块的制度和规则的认可。在制度规则的激励约束下，人可以趋向协调，人的价值创造主动性直接影响价值创造的效率。契约是最关键的要素，贯穿于其他三个要素中。人与人、人与物、模块与人等，都可以用契约关系来解释，契约是一种显性的或者隐性的规则，指引所有的要素朝一个方向努力，而且明确每个要素在没有遵循契约规定时会得到一定的制裁，契约成为激励与约束的一种规则。

因此，模块要素的有机结合和协调，是不协调的模块转变为适应环境变化的适应性模块的重点。由此可见，模块协调过程中，模块要素有着举足轻重的作用。模块要素关系协调如图3.3所示。

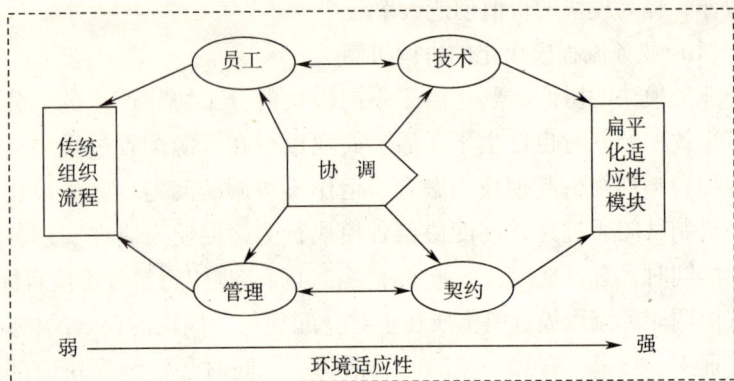

图 3.3　模块要素协调机制

在商业银行业务模块的运行中，不仅要关注中后台模块对前台模块的资源和管理支持，更关键地要关注业务模块内要素的协同组合方式和过程，人与人之间的工作配合是否恰当，资源是否配置到最需要的地方，人对资源的利用效果是否达到预先目标等，即模块内的组织结构及其运作过程是否达到预定目标。

模块之间或模块内部若合作不力，会产生负面效应，如资源得不到合理使用，人员不能在适合自己的岗位上安心工作。从这个意义上讲，模块是通过一种和谐载体，通过组合各种模块要素，形成模块的核心能力。所以，模块的协调机制是业务模块化价值创造的重要内容。

（2）业务流程模块的契约机制

业务模块的契约机制是在业务模块协调机制下构建起来的，运用契约理论，从契约关系的角度描述流程模块化更能使人深刻认识和理解业务模块的相互关系及其在整个流程中的地位。契约赋予每个模块相应的责权利，使模块内部的各要素在一定的规则下顺利运转。采用契约方式协调各模块间的关系，是在给定的资源、信息和规则约束下，促使模块相互合作，使模块目标与组织目标保持一致。

因此，构建模块需要契约规则，确保各个模块协调运行，契约机制在整个模块的协调中起着重要的作用。

业务模块是责权利相统一的价值活动主体。一般情况下，模块的契约具有多重性质。首先，包括业务模块与外部模块的契约，比如与外部客户的契约，按照契约的标准规定向客户提供产品和服务；其次，模块之间的业务服务关系契约，即在商业银行内部，业务模块作为内部客户，接受其他模块提供的服务，如后台支持模块对前台业务模块资源配置管理、后台集中信息化处理等；最后，在模块内部各要素间的契约。模块内各要素的运行，即人、财、物的运行也是依赖于契约的约束。资源要素总是稀缺的，因此应通过契约协调各要素的均衡配置，使模块内的要素组合最优化。模块在整个银行的经营活动过程中，总是按照契约规则运行。

契约不仅仅起到协调的作用，更是一种"遵守规则，接纳；不遵守规则，淘汰"的残酷淘汰机制。契约的作用就是要明确流程目标以及各模块在流程中的角色作用和责任分配，使模块意识到只有使自己的"客户"满足，才有可能使组织最终满足外部客户的个性化需求，自己才能获得相应的报酬。如果不能完成使命，不能按照契约规则履行模块职能，则可以对该模块进行调整、删除和合并等处理。

契约是商业银行进行协调管理的有效工具。业务模块化的契约机制，引导模块的经营行为，简化了管理协调的难度。因此，契约机制是模块化管理的客观要求。

3.2 业务流程模块化的价值创造基本模式

3.2.1 业务流程模块化的价值战略逻辑起点

中国商业银行在转型和发展过程中经营管理能力逐渐发生分化，各家商业银行的盈利能力和管理水平凸显差异，分析这种差异的原因，主要是战略逻辑起点上的差异性。

战略分析的逻辑起点包括传统的竞争战略逻辑与价值增长战略逻辑，两种战略逻辑起点存在本质的区别，主要表现在战略、客户、资源状况、产品和服务、行业环境等方面。

（1）争夺市场份额的战略和以客户为中心的价值战略。传统竞争战略有多种方式，通过比较竞争者与自身的强项和弱项，然后开始构建自己的竞争优势就是其中之一。这种方式是商业银行规模扩张时期的常用战略模式，这种战略逻辑的结果往往导致商业银行间为了有限的市场份额展开激烈的竞争和资源的争夺，造成资源的极大浪费。以客户为中心价值战略逻辑，则是站在客户的角度，利用商业银行的内外部所有资源，建立和其他利益相关者的合作关系，来实现客户价值，完成商业银行的价值创造。这样就不会把资源和能力浪费在仅仅是与竞争对手你死我活的零和竞争中，而是更多地将资源投入到能够为客户提供新价值的产品或服务上。

（2）资源有限和资源无限约束。传统战略建立在资源有限基础上，即商业银行业务和服务创新时严格受到内部资源的约束和限制。在资源已知的情况下进行战略选择，往往使商业银行失去很多发展机会。商业银行的生存发展，资源是必要条件。但是，以客户为中心的价值战略在理论上不再受到现有商业银行资源的限制，即在评价市场机会和业务发展时不受原有的思维定式和资源状况的制约，充分利用内外资源，寻求从价值链上的其他价值主体获取资源的合作路径。

（3）商业银行的内部发展和跨边界发展。传统战略的发展眼光局限于商业银行内部，在严格的监管和规章制度下寻求发展，这样的发展缺乏创新的动力。以客户为中心的战略，要求商业银行不应把视野局限于所明确界定的产品或服务的范围之内，混业经营是现在商业银行的发展趋势，投资、保险等应该成为商业银行价值创新的考虑因素。只有从客户需求的角度分析，不断满足客户潜在和现

有的对产品和服务的需求，商业银行的产品和服务才不会被固有的
模式所制约。

（4）传统战略建立在行业环境是商业银行无法改变的假设基础
上的，并在这种行业假设之下制定了竞争战略，而且这种竞争战略
主要是在现有市场环境条件下寻求生存与发展空间。而以客户为中
心的战略要求发挥商业银行自身对外部环境的能动作用，即分析和
研究顾客的需求与偏好及其变化趋势，不断地探索新的途径和方法。

总之，传统竞争战略逻辑与客户价值逻辑之间在许多方面都表
现出了较大的差异。客户价值逻辑要求商业银行以一种新的思维方
式考虑商业银行的生存与发展问题。在以客户为中心的战略下，认
为现有的和将来的因素都是可变的，商业银行同时可以利用内部外
部两种资源，将商业银行的自身发展和客户的需求，以及金融业的
发展紧密联系起来。

不同的战略逻辑决定不同的战略选择，不同的战略选择决定商
业银行不同的发展路径和经营效率。传统竞争战略逻辑与客户价值
战略逻辑之间的比较如表 3.1 所示。

表 3.1　　传统竞争战略逻辑和客户价值战略逻辑的比较

比较基础	传统竞争战略逻辑	客户价值战略逻辑
战略重点	通过分析对手的优势、劣势，从其薄弱环节入手战胜对手而树立竞争优势	以满足客户不断变化的需求为中心，提供产品和服务，实现价值创造
资源	在现有资源状况下获取竞争优势	利用价值链上可以利用的资源，不断寻找价值创造的切入点以求杠杆式地利用资源
产品和服务	在传统的行业边界下发展产品和服务	价值创造，要求按照客户需求来提供产品和服务，产品和服务跨行业边界
行业假设	行业条件给定	行业条件是可以发生变化的

资料来源：W. Chan Kim, Renee Mauborgne. Value Innovation: the Strategic Logic of High
Growth. Harvard Business Review, 1997: 1 – 2。

3.2.2 不同价值创造模式的比较分析

战略逻辑分析为商业银行的战略选择提供了分析和思考的方向。通过两种战略逻辑的对比可以看出不同的战略逻辑在商业银行发展的不同阶段有着不同的适应性。要把战略逻辑转化为价值创造，还必须借助一定的价值创造模式。

传统战略逻辑起点下，资源有限条件下的规模扩张是赢得客户、赢得市场最好的战略。在以客户为中心的逻辑起点下，以客户需求和服务为中心，利用价值链上可以利用的所有资源要素，满足客户的价值需要是实现价值创造的战略选择。两种战略逻辑决定了不同的经营策略和战略模式。

因此，两种战略起点决定两种基本的价值创造模式：一是以产品为中心的价值创造模式；二是以客户为中心的价值创造模式。两种价值创造模式在产品和客户服务意识方面有着诸多不同，如表 3.2 所示。

表 3.2   以产品为中心与以客户为中心的价值创造模式比较

以产品为中心的价值创造模式	以客户为中心的价值创造模式
短期考虑	长期战略考虑
产品特征导向	产品利益导向
关注产品销售	关注保持客户
不太强调客户服务	高度强调客户服务
有限的客户参与	高度的客户参与
适度的客户联系	高度的客户联系

资料来源：金锡万．管理创新与应用［M］．北京：经济管理出版社，2003：380。

3.2.2.1   以产品为中心的价值创造模式

商业银行提供的是服务性产品，其盈利模式同其他服务行业是相似的，首先设计服务性产品，其次销售产品，最后通过客户的认可和交易实现盈利。因此，在传统商业银行经营过程中，产品是关注的焦点，哪类产品的盈利性最好，所有的资源优势就向该类产品集中。当该类产品的同类竞争加剧时，又转向另一项产品，这样的盈利方式造成资源利用效率低下。

以产品为核心的价值创造模式主要受到传统经营战略的影响，在强调市场占有率和扩大规模的思想指引下，主要从商业银行自身利益出发考虑，忽略了客户对商业银行价值创造的重要贡献以及客户价值和商业银行价值之间的密切联系。

这种模式的形成是有根源的：长期以来，由于商业银行垄断竞争优势的存在，商业银行设计什么产品，客户使用什么产品，围绕这样的理念形成了以银行产品为中心的价值创造模式。

这种模式具有以下特点：一是注重职能部门的重要性，以业务的相似性来进行分工协作和流程设计，形成职能性的群体。银行部门按产品设置，例如活期存款、定期存款、信用卡、贷款和资产管理等独立分设。客户按照其所需的不同的产品和服务去不同的部门办理相关业务。二是在流程设计上强调大众化的标准，追求商业银行的规模扩张。三是注重银行自身利益，从自身利益角度出发进行业务流程设计。

不可否认，在商业银行追求规模扩张的发展阶段，以产品为中心的战略为商业银行的市场发展和价值增值起到了重要的作用。但是，在市场变化迅速、消费者的需求不断升级的今天，以产品为中心的价值创造模式逐步显示出不能适应市场发展的特性，缺乏整体性、系统性和灵活性，逐渐会被以客户为中心的价值创造模式所取代。

3.2.2.2 以客户为中心的价值创造模式

在客户为中心的价值创造模式下，商业银行的价值战略定位以客户为出发点，市场战略定位、产品定位、产品设计、定价和组织结构设计等方面都建立在以客户为中心的基础上，目的是满足客户的价值诉求，以实现商业银行的价值创造。因为客户是商业银行价值创造的源泉，没有客户和商业银行的长期契约和合作关系，商业银行的价值创造难以实现。

　　以客户为中心的价值创造模式带来了商业银行经营管理诸多方面的突破：首先，打破原来以业务和产品属性分类设置内部机构的模式，转变为以客户作为分类标准设置组织机构。其次，按照客户的需要，打破职能分工的界限，运用信息技术，重组各个部门的职能，重新设计业务流程，在银行内部将所有职能部门活动整合成一个有利于客户价值创造的整体，变多头对外的分散服务为集中营销服务，实现对客户的一站式服务。最后，以满足客户需求为目的，根据风险的高低和不同客户的个性化需求进行综合产品技术的研究和开发，不断调整和制定多样化的业务流程以贴近市场需要。

　　以客户为中心的价值创造模式，抓住了价值创造的源头和关键。强调客户价值和银行自身价值的平衡，在对客户信息充分分析的基础上，认识自身经营能力，贴近客户需求，向不同层次客户提供精心设计的不同产品和服务，从而在实现客户价值基础上的商业银行的价值创造。

3.3　业务流程模块化的价值创造模式应用

　　流程模块化——商业银行流程重构的方法选择，就是要从根本上重新思考和设计现有的业务流程，根据客户类别，将本来分散在各职能部门的工作，按照最有利于客户价值创造的营运流程重新组织，从而建立以客户为中心的业务流程，使银行能有效适应市场的要求。流程模块化是以客户为中心的价值创造模式的必然要求。

3.3.1　业务流程模块化的价值创造模式

　　业务流程模块化的价值创造模式是落实以客户为中心的理念并实现价值创造的过程。商业银行整体流程模块化的价值创造可划分为两大模块，见图3.4。

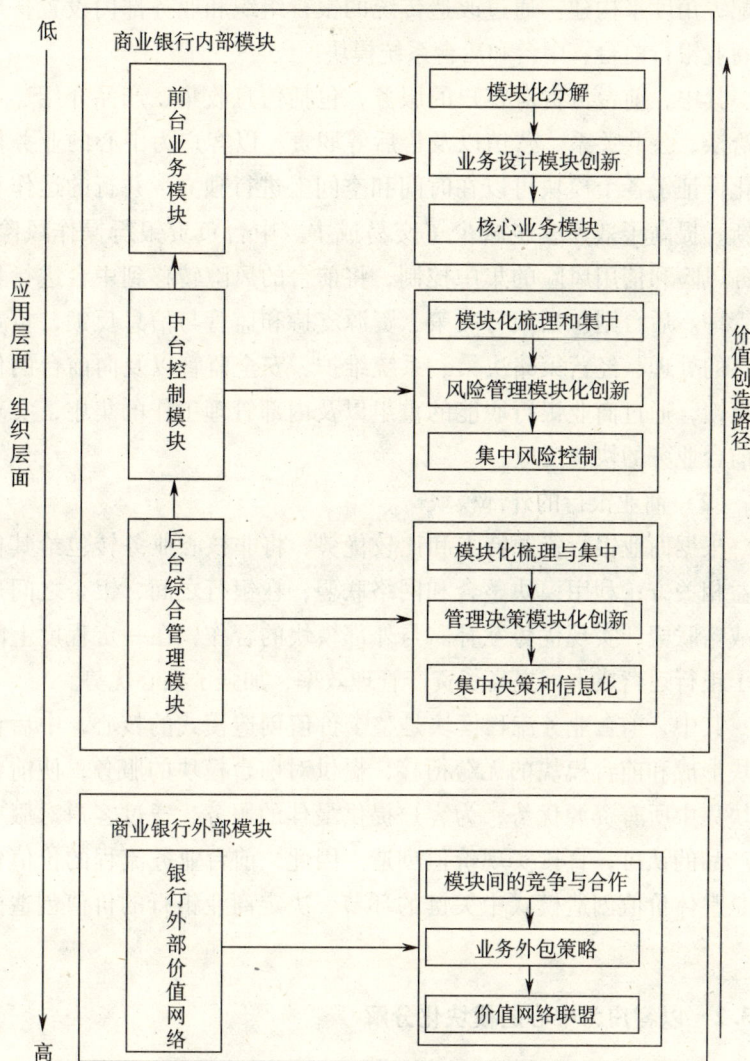

图3.4　商业银行整体流程价值创造模式

（1）商业银行的内部模块

商业银行的内部模块主要是从银行内部业务潜力挖掘和要素重

新配置角度来构建。通过改造传统的银行组织和业务部门设置，形成商业银行前台、中台和后台系统模块。

其中，前台负责对客户的服务，包括信息收集、产品介绍、业务洽谈、公共关系、营销以及售后等职责。以客户为中心的业务模块化保证了各个模块可以在时间和空间上进行独立、并行的运作和创新，提高了效率，也减少了交易成本。中台负责银行操作风险、业务风险和信用风险的集中控制，将前台的风险转移到中台进行集中管理。后台则包括银行决策、资源支持和监管与信息反馈，负责信息的处理、经营策略决策、系统维护、安全监管以及向前台的信息反馈，通过商业银行职能的重组以及内部管理工作的集中，实现对前台业务的快速反应。

（2）商业银行的外部模块

根据商业银行资源特点和比较优势，将非核心业务转包给其他利益相关方；利用模块整合和网络联盟，在银行之间、银企之间形成战略联盟，实现优势互补。与外部模块的合作，在一定程度上降低了银行运营成本，提高了资产管理效率，加强了核心优势。

其中，前台业务流程模块是整个价值创造模式的核心，中后台模块形成和前台模块的无缝衔接，提供对前台模块的服务，使前台模块集中所有资源优势，为客户提供最佳的服务，通过客户对服务和产品的认可，直接实现价值创造。因此，前台业务流程的价值创造是整体价值创造模式中关键的环节，决定商业银行的价值创造能力。

3.3.2　以客户为中心的模块化分解

业务流程模块化的分解就是把需求和价值贡献大致相同的客户归为一类，同类客户的相关业务和产品构建为一个模块。

通过这种客户分类的方式进行模块化的分解和设计，一方面节约成本，保持竞争力；另一方面，产品和服务的配置更能符合客户要求，满足不同客户对不同层次产品的需求。客户有多种分类方式，可以按照客户性质、产品种类、行业、信用、利益来划分，也可以结合几种因素综合考虑，从不同角度分析客户现有状况、未来发展以及潜在风险，了解客户的诉求。

多因素综合考虑客户分类是较全面获得客户信息的方法，在此基础上对模块分解的分析也更准确。

本书借鉴国内外对客户分类的研究，为模块化的分解提供了客户分类的参考。以荷兰银行为例，荷兰银行在客户分析上着眼于多方面和多角度地考量客户静态和动态的发展，历史性的分析和前瞻性的展望相结合，多角度地甄选辨别客户。通过分析客户的过去、现在和将来的发展，动态和客观地评价客户为银行带来的价值贡献，这样的分析既有利于挖掘潜在客户，又可以维系优质客户，同时还可以提示风险客户。表 3.3 说明了荷兰银行的客户分类标准。

表 3.3　　　　　　　　荷兰银行客户分类标准表

项目	为银行带来的年均收益	信用状况	所在行业前景	对中间产品的需求	对银行批发业的需求
顶级客户群（约 700 户，收益贡献率 40%）	高于 300 万欧元	AAA +	非常好	非常明确	确定
重要客户群（约 2 500 户，收益贡献率 40%）	50 万~300 万欧元	AAA	好	一般，有望发展	确定
核心客户群（约 6 000 户，收益贡献率 19%）	–	AA	较好	较低	有一些
大众客户群（约 7 500 户，收益贡献率 1%）	–	A	一般	低	很少

资料来源：张民．现代商业银行管理再造 [M]．北京：中国金融出版社，2004。

荷兰银行用5个维度对客户进行了详细的划分，其中最重要的是对客户重要性的划分，根据客户贡献、客户的信用、客户的行业前景、客户的潜在需求等几个方面，对客户的现在和未来状况作出判断，为管理和营销决策的制定提供可靠的资料。借鉴荷兰银行客户分类的思想和方法，对业务流程的模块化分解，以客户的重要程度作为主要的分解标准，同时考虑客户的价值贡献、信用状况等其他因素，多维度地反映客户信息。

在客户分类上，由于各商业银行经营状况的不同和管理理念的差异，对客户的分类未形成统一的标准，同时业务模块的划分也受到银行的经营战略和组织架构的影响。因此，业务模块的具体划分在商业银行实践中也存在着差异。本书在对前台业务模块进行分解时，按照主流商业银行客户分类思想，以客户的基本业务需求作为划分标准，并考虑混业经营的趋势和银行的跨国界、市场化的经营以及客户投资理财的需求，将前台业务模块分解为4个子模块：零售业务模块、批发业务模块、投资业务模块和资金与市场业务模块。

零售业务模块，针对对私业务和小型企业的业务服务，提供金融产品、开展金融服务，如信用卡、个人消费信贷、代理业务、个人理财业务等，制订全行零售业务计划、政策和制度管理办法，推进全行零售业务。对于零售业务模块客户类别，可以依据客户的价值贡献度，参照客户资信情况进行划分，该方法是一种较为广泛的客户分类方法。客户价值贡献度的评定可以参照客户购买金融产品、消费金融服务的数量和频次进行。按照客户的价值贡献度，将客户分为三个类别：大众客户、中端客户和高端客户。其中，高端客户是"二八定律"中能够给商业银行带来80%利润的客户，也是商业银行资源的重点投放对象；中端客户就是有发展潜质，能够给银行带来稳定利润增长的客户群体；大众客户，就是"二八定律"中消耗较多银行资源但却带来较少贡献的客户群体。不同客户的分类标准见表3.4。

表 3.4　　　　　　　　　　　按价值贡献划分的客户类别

客户类别	划分标准			
	购买频次	购买产品	信用状况	收入贡献状况
高端客户	本行作为大部分金融产品和服务的供应者	购买高附加值的产品和服务（财务顾问、信用卡、委托理财等）	信用评级良好	给本行收入和利润带来丰厚的回报
中端客户	本行作为部分金融产品和服务的供应者	是某类产品和服务的优秀购买者（如融资信贷等）	信用评级状况良好或一般	每年给本行带来不低于平均水平的利润和收入
大众客户	本行作为极少数金融产品和服务的供应者	购买低附加值的基本业务（如存取款、转账等）	信用评级状况一般或较差	每年给本行带来的利润和收入在平均水平之下

资料来源：万仁礼，张恩达，张力克. 现代商业银行客户管理［M］. 北京：中国金融出版社，2004：33。

　　批发业务模块，主要针对企业和机构类客户的需求提供金融产品、开发金融服务，负责全行批发业务的发展规划，推动营销工作，开拓对公客户市场。根据客户或行业的不同，可以在模块内设置不同的子模块。

　　资金与市场业务模块，作为全行资金的管理中心和资金业务的运营中心，负责制定全行资金管理和资金运用的规章制度和管理办法，管理和监控资金头寸；在国内外金融市场积极稳妥地运作全行资金，提高资金的盈利能力，根据全行的资金需求筹集中长期资金，并可接受客户的委托进行资金运作。

　　投资业务模块，在银行混业经营的趋势下，这一非银行金融业务的纳入是对传统银行业务的补充。针对机构客户，进行证券发行承销、经纪、企业并购、基金管理、理财顾问、创业投资、项目融资、金融工程等业务。这些是商业银行附加值最高的业务。目前我国商业银行的投资银行业务尚在探索阶段。

前台业务模块化改变传统流程串联运行的机制，业务流程按照客户类别划分为并行的模块化经营。各模块相互独立，又相互联系。每个模块内部在一定的授权条件下，有一定的管理权限和资源配置权限，保证各模块责权利相统一。每个模块既是价值创造的权利主体，又是价值创造的责任主体。与此同时，前台业务模块化，能够理顺中后台与前台的关系，明确中后台的服务功能，保证前台部门全力以赴对外开拓业务，形成多层次贴近市场的新产品开发机制，保证前台提供符合市场要求、附加值较高的新产品；业务链和管理链的缩短提高了业务运作的速度，保证前台业务模块快速灵活地应对市场。

3.3.3   最佳模块化数量确定

模块化的优势显而易见，但并非所有业务都可以或需要进行模块化[87]。是否进行模块化，除了业务流程首先必须具备模块化的条件外，还必须进行模块化的成本效益分析，确定最佳模块化数量。模块化的成本效益分析是决定模块化最佳数量的依据，模块化带来经济收益毋庸置疑，但是模块化也需要资源支持，模块化数量的过度膨胀，可能会引起模块化的成本高于模块化收益，因此，模块化数量是权衡模块化成本和收益后的最优选择。

3.3.3.1   总成本最低情况下的模块化数量

Baldwin 和 Kim 的研究发现："创造、发展模块化系统的成本和模块化的巨大价值一样是多种多样的。"围绕这一问题，他们进一步对模块化的成本进行了具体分类，并认为模块化的成本主要包括制定和普及设计规则的成本、开展必要的实验需要的成本、市场交易发生的交易成本、系统设计师违约造成的中间人成本等[88]。

在相关的研究中，童时中和祁国宁等学者从成本的角度来研究最佳的模块数量。模块化的成本（TC）是关于模块化数量（n）的函数。模块化的总成本就是以上几项成本合计，其中模块化总成本最低时就是模块化选择的最优数量 n_0。

$$TC(n) = TC_1(n) + TC_2(n) + TC_3(n) + TC_4(n) \quad (3.1)$$

其中，$TC(n)$ 为总成本；$TC_1(n)$ 为制定和普及设计规则的成本；$TC_2(n)$ 为开展必要的实验需要的成本；$TC_3(n)$ 为市场交易发生的交易成本；$TC_4(n)$ 为系统设计师违约造成的中间人成本。

求成本极小值

$$\min_n TC(n) = TC_1(n) + TC_2(n) + TC_3(n) + TC_4(n) \quad (3.2)$$

其条件为

$$\frac{\mathrm{d}TC_1}{\mathrm{d}n} + \frac{\mathrm{d}TC_2}{\mathrm{d}n} + \frac{\mathrm{d}TC_3}{\mathrm{d}n} + \frac{\mathrm{d}TC_4}{\mathrm{d}n} = 0 \Rightarrow n_0 \quad (3.3)$$

然而，这一分析思路并不符合效益分析的原则，成本和效益是密切相关的，总成本最低时收益的情况是不确定的，可能高于、低于或者等于成本，如果盲目地选择在成本最低点的模块化数量，而没有结合收益的情况进行分析，会造成模块化数量偏少，没有规模经济效益。因此，仅从总成本最低角度分析模块化的最优数量是不全面的。

3.3.3.2 市场交易效率决定最佳模块化数量

在实证研究中，市场交易效率是影响模块化数量选择的重要因素，因此加速模块间的市场化进程是推动模块化的重要因素。

以客户为中心的内部模块的合理设置影响与外部模块间的交易效率，因此可以从市场交易效率的角度分析内部模块化的最佳数量。

为了说明市场交易效率对模块化数量的影响，提出了以下假设条件，对模块化最佳数量进行分析。

假设1：模块化会带来收益（TR）的增加；收益（TR）会随模块化数量的增加而增加，但是在达到最佳规模后，会出现递减。因此，有

$$\frac{\mathrm{d}TR}{\mathrm{d}n} > 0, \frac{\mathrm{d}^2 TR}{\mathrm{d}n^2} < 0 \qquad (3.4)$$

假设2：影响模块化数量的主要有三类成本：模块的产品服务与管理（TC_1^*）、模块的协调成本（TC_2^*）以及市场交易成本（TC_3^*）。其中，TC_1^* 和 TC_2^* 与总成本直接相关，TC_3^* 是影响收益的重要成本项目。

假设3：模块化成本与模块化数量的关系：随着模块化数量增加，单个模块规模会逐渐缩小，内部成本会降低，因此单个模块的内部成本 TC_1^* 随模块数量的增加而递减，即

$$\frac{\mathrm{d}TC_1^*}{\mathrm{d}n} < 0, \frac{\mathrm{d}^2 TC_1^*}{\mathrm{d}n^2} < 0 \qquad (3.5)$$

随着模块化数量的增加，模块间的关系越来越复杂，需要协调的模块间关系越来越多，模块的协调成本 TC_2^* 随之增加，即

$$\frac{\mathrm{d}TC_2^*}{\mathrm{d}n} > 0, \frac{\mathrm{d}^2 TC_2^*}{\mathrm{d}n^2} > 0 \qquad (3.6)$$

市场交易成本 TC_3^* 随着模块化数量的增加递增，有

$$\frac{\mathrm{d}TC_3^*}{\mathrm{d}n} > 0, \frac{\mathrm{d}^2 TC_3^*}{\mathrm{d}n^2} > 0 \qquad (3.7)$$

基于以上假设，在模型的推导中，TC_1^* 和 TC_2^* 是实施模块化的直接成本，TC_3^* 的产生不是企业内部直接决定的，它是与外部交易产生的。假定在企业不与外界交易的情况下，TC_3^* 则为零。因此，实施模块化的内部总成本是由 TC_1^* 和 TC_2^* 组成的，TC_3^* 是外生成本，作为影响 TR 的重要因素，在模型中为 TR 的减项。通过上述分析，可以确定模型。

（1）确定最低内部总成本下的模块化数量 n_0^*

成本最小化

$$\min_n TC(n) = TC_1^*(n) + TC_2^*(n) \qquad (3.8)$$

可以解得

$$\frac{dTC_1^*}{dn} + \frac{dTC_2^*}{dn} = 0 \Rightarrow n_0^* \qquad (3.9)$$

（2）确定最佳利润规模下的模块化数量 n_1^*

利润最大化

$$\max_n(\pi) = TR - TC_1^*(n) - TC_2^*(n) - TC_3^*(n) \qquad (3.10)$$

可以解得

$$\frac{dTR}{dn} - \frac{dTC_3^*}{dn} = \frac{dTC_1^*}{dn} + \frac{dTC_2^*}{dn} \Rightarrow n_1^* \qquad (3.11)$$

（3）分析不同情况下的最佳模块化数量

比较总成本最低情况下的模块化数量与最佳利润规模下的模块化数量，分析推论出最佳模块化数量并非是成本最低或利润最优情况下的数量，而是结合模块化的假设前提，说明模块化数量与市场效率关系，即

如果 $\dfrac{dTR}{dn} - \dfrac{dTC_3^*}{dn} > 0$，则 $n_1^* > n_0^*$；

如果 $\dfrac{dTR}{dn} - \dfrac{dTC_3^*}{dn} < 0$，则 $n_1^* < n_0^*$；

如果 $\dfrac{dTR}{dn} - \dfrac{dTC_3^*}{dn} = 0$，则 $n_1^* = n_0^*$。

从经济含义来分析，当

$$\frac{dTR}{dn} - \frac{dTC_3^*}{dn} > 0 \qquad (3.12)$$

即企业模块化的边际收益大于市场交易边际成本时，表明企业实现了市场效率。此时确定的最佳模块数量虽然多于总成本最低情况下的模块化数量 n_0^*，但是模块的增加，带来市场交易效率的提高，最终确定 n_1^* 就是最佳模块数量。

因此，模块化数量需依据市场收益和总成本之间折中的价值最

大化决策，最佳模块化数量的确定，关键取决于模块的设立是否提高市场效率。

进一步观察方程，发现模块分解时的模块数量与模块规模是两个相互矛盾的因素。有效的解决办法是，将模块分成若干层次，每个层次由规模适中的模块组成[89]。有适当数量控制的层次结构，可简化流程构成，条理更加分明。在确定模块化最优数量时，可以进行分层次讨论。

3.3.4　业务流程模块化的组织结构重构

流程的模块化决定组织结构的模块化。流程模块化实施必然引起组织结构的变化。流程模块化就是各个流程环节模块所建立起来的动态组织联盟。

模块化改变了管理方式，改变了传统的业务流程，模块化管理方式下必然要对业务作出快速反应、对客户提供便捷服务。因此，模块化的实施需要组织结构调整配合，设置条块结合的矩阵式组织结构，形成以纵向业务条线垂直运行、管理和考核为主，横向运作、管理和考核为辅的流程结构。

所谓矩阵式模块化结构，是按照银行经营管理特性，将商业银行业务划分为不同模块，每个模块中设置责权利相匹配的职能，形成一个"二维"或者"多维"的架构。前台形成以客户为中心的业务模块，中台形成价值控制模块，后台形成价值保障模块，中后台模块对前台子模块进行管理和提供业务支持，如图3.5所示。

对于模块化的矩阵结构采取以下方式进行设置：

首先，建立以客户为中心的核心业务模块，包括批发业务模块、零售业务模块、资金市场业务模块和投资业务模块。实现专业化的模块管理，形成批发业务集中营销的总分行联动的项目机制，零售业务按照高端客户、中端客户与大众客户形成分层次的对私营销模式，并且在总行综合经营模式下设立投资银行模块和资金与市场模

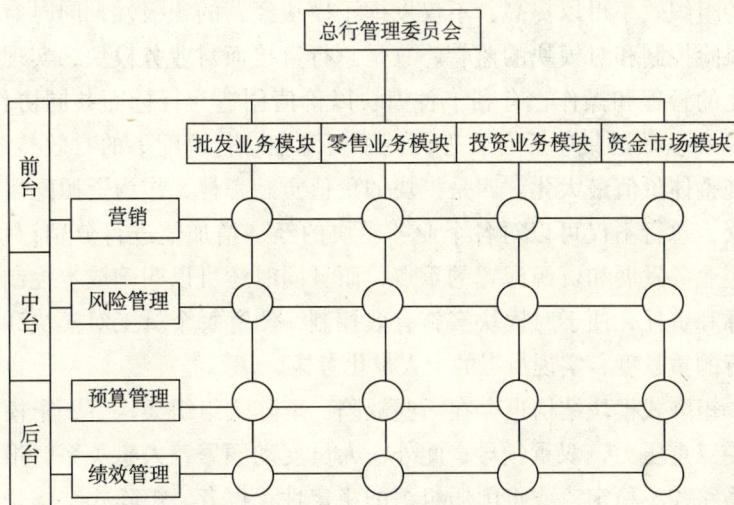

图 3.5 商业银行矩阵式模块结构

块。总行层面设立大业务模块，在大的业务模块内，下设相应的子模块。同时，将部分风险管理权限、资源配置权限、预算和考核权限横向嵌入模块内。

其次，模块间的整体的风险管理权限集中到风险管理模块管理，风险管理向子模块所在机构和总行风险管理模块双向报告，风险管理的决策权集中于总行的风险管理模块。

最后，后台模块的综合管理，包括预算管理模块和绩效管理模块，其下一级子模块向总行相应模块汇报，总行的各综合管理模块对所辖子模块负责。

模块化的矩阵结构优化了商业银行流程。一是矩阵结构进一步明确了"以客户为中心"的经营理念，鼓励业务创新，提高了商业银行对市场的反应能力；通过模块化形成的专业力量具有规模效应，有利于各个模块协同作战，有利于后台的管理人员集中精力制定决策和规划，提高管理水平。二是模块间的集权和分权有效结合使银行的组织效率得以提高，不仅发挥了模块经营的积极性，同时有利于风险控制和对模块的监管。三是总行直接面对业务模块，实现集约化的管理和操作，有利于各模块以价值创造为目标而共同协作，预算和绩效的集中后台管理保证了资源在总行调配下的有效整合，实现整体价值最大化。四是模块的价值贡献考评，作为资源配置的依据，总行不仅可以对各个业务模块的经济增加值进行分别评价，确定业务发展和资源配置的重点，而且同时还可以明确成本控制的目标和责任，便于对模块实施有效控制，测算每个员工对模块和对全行的贡献度，实现员工的个人量化考核。

矩阵式模块结构也存在一些缺陷：矩阵式组织架构下，子模块承受双重压力，双重领导；此外，人员变动频繁，人事关系、报告关系路线不稳定，或将削弱组织的稳定性；再者，矩阵式结构是一种约束性很强的架构，在具体实施时对员工的要求较高。因此，建立模块间的协调机制，增强商业银行的适应性是保持稳定性和管理控制性的关键。在矩阵式结构实施时，模块必须以商业银行价值最大化目标为指引，加强相互间协作，发挥矩阵式结构的效率优势。对于矩阵组织结构中的容易出现风险的环节，加强监控，在双线汇报的情况下，形成定期交流沟通制度，发挥模块间的协同效应。

4

基于流程的商业银行中台
风险管理与价值控制

　　风险与商业银行如影随形，与一般企业相比，商业银行更为关注风险。"银行因为承担风险而生存和繁荣，而承担风险正是银行最重要的经济职能，是银行存在的原因。"① 风险给价值带来不确定性，承担风险、管理风险进而在风险管理过程中实现盈利是商业银行生存与发展的基础。

　　本书第 2 章已经阐明，银行中台的价值管理控制流和前台业务流相辅相成，是整个价值实现过程不可或缺的环节。银行的中台风险管理活动作用于前台各业务流程和模块，可以增强价值创造过程中的内部控制能力和风险管理能力，从而间接创造银行价值。可见，风险管理是商业银行价值管理的有机组成部分。本书第 3 章也明确指出，随着内外环境的变化，商业银行逐步树立"以客户为中心"和价值最大化的管理新理念，并催生以前台业务流程模块化为代表的商业银行业务流程再造。由此引发了本章的研究思路：商业银行风险管理实践中，并不存在一成不变的风险管理模式，面对银行内

---

① 详见美联储副主席罗杰·富古森 2002 年 3 月 4 日主题演讲《回到管理银行风险的未来》。

外经营环境的变化和新管理理念与方法的产生，风险管理也必须进行适应性调整和创新。那么，前台业务流程模块化如何影响风险管理？基于业务流程模块化的风险管理体系该如何构建？

　　基于此，本章将撇开运用风险管理评估模型和计量技术的传统研究路径，着重从风险管理体系角度，分析业务流程模块化后风险管理主体、客体和管理方式所发生的变革及其管理体系构建。具体来讲，本章首先阐释商业银行风险管理与价值最大化的关系；其次分析商业银行前台流程模块化趋势与风险管理变革；最后详述基于流程的风险管理体系构建。

4.1　商业银行风险管理与价值最大化

　　本节的目的是阐释商业银行风险管理与银行价值最大化的关系，内容分三个层次依次展开：首先介绍商业银行风险和风险管理；其次论述风险管理的最终目标是价值最大化；最后着重从理论上解析商业银行风险管理的价值创造机理。

4.1.1　商业银行风险和风险管理

4.1.1.1　商业银行风险

　　凯德认为，对于银行业来说，最合适的风险定义是收入不确定性的暴露[90]。不确定性体现在政治环境、经济环境、社会环境和自然环境组成的环境不确定性，市场与竞争的不确定性以及银行内部经营的不确定性，它们最终导致银行潜在收益的波动性和多变性。由于事前无法预料的不确定因素的影响，商业银行有蒙受经济损失或获取额外收益的可能性，从而形成风险，最终会导致商业银行通过经营活动所取得的实际收益与预期收益产生偏差。

　　张民指出，商业银行风险是指银行在提供资金的筹集、融通、清算等金融服务和经营过程中，在各种事先无法预料（即不确定）因素的影响下，实际收益与预期收益发生背离，从而蒙受经济损失或获取额外收益的机会和可能性。风险不同于损失，风险是一种机制，而不是单纯的经济现象，风险作用于银行经营活动的全过程[67]。

风险是未来结果所带有的不确定性。结果的不确定性指实际情况可能低于也可能高于事前的预期，意味着风险可能带来损失也可能带来收益，管理风险不仅意味着回避坏的结果，而且要利用好的结果。只有正视这两种风险结果，才能够在充满风险的经济环境中把握机遇，控制和管理风险，尽量避免风险损失和争取风险收益。

简而言之，本书认为商业银行风险主要是指不确定性因素造成的银行收益或价值的波动。

商业银行作为特殊的金融企业，经营上的高比例负债、激烈竞争、银行与客户的非合作性博弈、市场变化等因素使其面临多种风险，这些风险可以按照不同的标准进行划分[91]。

对银行风险进行分类是一个更具主观性的研究领域，研究者们常常忽略一点，这种分类的目的不是为了提炼出抽象的理论，而是要加强对风险来源、风险后果的理解，提出管理风险的可行方法。通常的做法是从 3 ~ 10 种风险类别中确定出具有代表性的风险，然后按照重要性逐次排出。所幸的是，由此得出的结论并非如想象般五花八门，因为尽管各自强调的主题不尽相同，但多数的主题是一致的[90]。商业银行最为关注的风险大体上可以归集为三类：信用风险、市场风险和操作风险。这些风险由单个银行自身的因素造成，与银行个体业务经营息息相关，而且通常是可控的。

4.1.1.2　商业银行风险管理

银行职业经理人需要可靠的计量来将资本配置到具体业务中，以达到最高的风险回报率；需要估计潜在损失的大小以将其维持在债权人、顾客和监管者限定的范围；需要创新机制来监测风险状况和提供激励以降低分支机构和个人的道德风险。风险管理就是经理人满足这些需要的过程，这一过程包括识别关键风险，获取一致的、可理解的和可操作的风险计量技术，选择何种技术来增加或减少风险，建立程序来监测风险状态[92]。

商业银行风险管理就是银行如何进行管理和变革，以降低风险负效应，发挥正作用，提高效率，减少损失。换言之，商业银行风险管理是指银行通过风险识别、风险估计、风险处理等方法，预防、回避、分散或转移经营中的风险，从而减少或避免经济损失，保证银行经营安全的一系列综合措施。从宏观上讲，通过单个银行的稳健经营，确保整个商业银行体系的正常运转，避免商业银行倒闭并出现"多米诺骨牌效应"，最终维持金融秩序的稳定，促进国民经济持续健康发展。从微观上讲，就是通过处置和控制风险，防止和减少损失，最终保证银行经营活动的顺利进行[67]。

由此可见，商业银行风险管理是指银行对影响银行价值的风险动因进行的管理，它的产生主要是因为风险总是与收益相伴。收益的获取以适当的风险为代价，风险的暴露必须以相应的收益作补偿，两者互为条件。收益的增长总是伴随着风险的产生和增加，风险增加往往又阻碍着收益的提高，它们相伴而生。

4.1.2 商业银行风险管理的最终目标

现代商业银行的风险定义表明风险管理的对象其实是有不确定性的，这种不确定性表现为两个方面，一方面是损失，另一方面是收益。银行不单纯以防范损失为目的，还要分析风险资产获取的收益，特别是风险调整以后的收益。商业银行风险管理必须双管齐下，既管理损失，又管理收益。现代风险管理理论以及资产组合管理理论都认为，所有的投资决策都是在风险水平和收益水平之间作出理性选择。银行风险管理的最终目标是为实现银行经营目标提供合理的保证，即增加银行价值。

　　自20世纪90年代以来，以国有和股份制上市银行为主体的现代商业银行和其他公司制企业一样，逐步确立了股东创造最大化或公司价值最大化的终极经营目标，价值管理成为银行管理的新理念和新方法。人们对风险管理的研究视角，从银行统一履行整个社会的风险管理功能发展到微观银行个体自身的风险与价值创造。银行普遍采用经济学方法替代会计学方法思考问题，风险被纳入价值分析框架。经济价值、价值最大化、风险价值和风险调整后的投资报酬率等新理念应运而生。尽可能创造最大价值，保障银行股东、经理人、员工、监管者和客户等银行利益相关者的切身利益，成为商业银行经营的头等大事。新的管理体系也围绕新的经营目标和价值理念而变革，其中风险管理的地位与日俱增。商业银行的管理体系必须"能够同时作为控制风险和创造价值——包括经营决策、衡量业绩、制定战略、激励员工的基础，成为银行内外有关各方、银行内部各管理层次的共同工作语言和标准"[93]。

　　银行风险管理至少要有三大目标：第一是满足监管资本的硬性要求；第二是满足股东资产回报和资本回报要求；第三是将损失控制在可以接受的范围内[94]。平衡"资本、风险、收益"三大目标是任何一家商业银行风险管理部门最重要的职责，行使这一职责的能力足以区分出银行经营的好坏。能否引导整个银行完成"资本充足率、资产回报率和资本回报率达标，损失不超标"的管理目标事关银行的长远发展，从这个意义上说，风险管理的本质是在董事会确定的风险管理战略及银行风险偏好指引下，对资本进行有效分解及经营。

　　公司管理风险可降低公司价值分配的变异程度，进而增进公司价值。因此说：风险管理的直接目标是收益和风险的平衡，最终目标是增进公司价值[95]。对于商业银行，肖钢认为，由于业务发展的当期压力与风险暴露滞后性之间永远存在矛盾，因此有关业务必须在降低风险和持续增加股东价值之间寻求平衡，于是引入了风险调整资本回报率方法，用它来度量不同业务单位或产品在占用经济资本基础上所取得的经济收益，确定银行资金配置的有限次序[96]。

商业银行风险管理的基础性前提是每一个主体的存在都是为它的利益相关者提供价值，管理者通过制定战略和目标，力求实现规模增长、报酬增长以及相关的风险之间的最优平衡，并且在追求目标的过程中高效率和有效地调配资源，使价值得以最大化。银行为股东和利益相关者创造价值，而创造价值不仅涉及被动地保障资产安全等，还应包括机会的利用。

风险管理逐渐成为商业银行整体竞争模式下的必要手段之一，将突破以资源、成本和规模为导向的传统模式，无论是从注重效率、盈利能力、可持续发展能力以及对法律法规的遵守等具体目标出发，最终都应归结到银行价值上来。银行要生存和发展，必须去面对风险，所以管理层要管理这些风险，并在一定范围内处理和控制这些风险。管理层需要去识别可能对银行有影响的潜在的事项，在公司可能承受的风险范围内，对风险进行管理，保证银行目标实现。所以，风险管理的目标就是保证管理层实现公司设定的目标。风险管理是公司管理的一环，风险管理的目标自然需要配合公司价值最大化的目标。

由此可见，银行风险管理的最终目标是增加银行价值。要实现银行价值最大化的目标，就必须对能为银行带来价值的风险因素进行积极管理。

4.1.3　商业银行风险管理的价值创造机理

4.1.3.1　商业银行风险管理与价值创造的共生性

银行风险表现为收益的不确定性，银行风险管理就是避免损失和利用机会，有效控制收益不确定性，达成银行设定的价值目标。商业银行风险管理在银行整个价值创造过程中至关重要，它作用于银行的价值创造活动，影响各种价值动因，为银行价值目标实现起到控制作用。商业银行长期实践使人们相信，银行不可能完全避免和消除风险，银行必须承担某些风险，根据各个银行自身的风险偏好和价值目标，事先设定风险容忍度，将风险控制在可容忍的水平。银行风险管理的目标就不再仅仅是避免和消除风险，而是与银行价值目标相联系。

风险管理并不是脱离于银行价值创造之外的管理形式，它包含于整个银行的价值创造和价值管理活动过程之中。银行风险存在于银行运行的各个管理流程和各个业务模块，银行价值创造的过程就是风险产生的过程，唯有从源头控制、全程控制和主动控制，才能使银行避免、减少、消除和合理承担风险，最终完成银行既定的价值目标。

风险管理虽然不同于银行前台业务直接创造价值，但它通过对风险进行积极管理，控制收益的不确定性，保障银行价值目标的实现。金融机构或非金融机构为何要进行风险管理，它们是如何使用金融衍生工具来进行风险管理及使用衍生工具进行风险管理的效果如何，是一个备受关注的问题，也是近 20 年来众多学术研究想要回答的问题[97]。

4.1.3.2 风险管理增加银行价值的微观金融学解释

关于为什么要进行风险管理，主要理由是风险管理最终可以增加公司价值，这对于金融机构和非金融机构来说是一致的。根据莫迪格利安尼（Modigliani）和米勒（Miller）的最初观点，在完全竞争市场及无红利税收的假定前提下，通过与相同风险等级的企业比较可以测算出风险和不确定性，进而能够建立起资本结构与公司价值无关的模型[98]。

然而，现实中上述 MM 理论的严格假设条件并都不成立。后来，学者不断放松和修正假设条件，得出了一系列关于公司价值模型的理论成果。现实世界是充满摩擦的不完全市场，税收、交易摩擦、信息有偿获得、信息不对称以及代理成本等因素的存在表明，风险管理会影响到公司价值最大化的目标，风险管理能够增加公司价值[99]。从研究成果可以看出，存在税负、财务危机、破产成本和融资成本的市场环境中，由于资本市场的不完全性增加了股东的风险分散成本，公司风险管理尤为必要。

（1）税负因素

减少税收负担是公司风险管理的重要考虑因素。Smith 和 Stulz 首先指出，在公司面对凸性的税收函数时，可以通过风险对冲来降低应税收入的变化由此来增加公司的价值[100]。Dionne 和 Triki 采用数值模拟的方法来量化这一价值[101]。

一般来讲，公司的收入越高，所要缴纳的边际税率就会越高，公司为了减少税务支出，总是希望利润能从业绩较好的年度转移给业绩较差的年度，通过盈余平滑管理，将每年的盈利控制在一个合理的水平，以降低公司整体税负。要达到这一预期效果，必须运用风险管理使公司每年的盈利在一个小的幅度内波动，从而增加公司持续现金流，促进企业价值最大化。

（2）代理成本

关于公司为何进行风险管理的另一种解释是，风险管理可以降低所有者和公司经理人由于风险偏好不同产生的代理成本。代理成本是由于所有权与经营权分离后股东和经理人之间存在代理问题而产生的。由于存在股权和债务两种融资方式，当公司投资高风险项目时，股东和债权人因为利益冲突会表现出不同的风险偏好。风险与收益总是对称的，高风险项目产生高收益时，股东可以获取高的红利和资本利得，而债权人始终只能获得合约约定的固定收益。因此，尽管股东会因为个人投资理念和个性等表现出不同的风险偏好，但在经济人假设条件下，股东还是倾向于鼓励经理人投资高风险项目。一旦投资项目失败，公司将容易发生债务危机而使债权人利益受损，经理人将面临被解雇的威胁。而且，股东可以将资产分散化投入多家公司，而经理人一般把自身的主要精力以人力资本方式投入到一家公司。

可见，风险是股东和经理人利益冲突的重要原因之一，公司经理人比股东有更强烈的动机来降低公司的风险。高风险意味着高回报，项目投资成功将增加公司价值。如果经理人通过风险管理把项目的风险量化为较为肯定的值，降低项目失败的可能性，此时，股东因为投资高回报项目而分享更多的收益，经理人也不会担心项目失败而遭解雇。而且，经理人也可以通过薪酬合约和股权激励来分享收益，如 Smith 和 Stulz 就提出，可以通过向管理者提供与公司股票价格具有凸性函数关系的支付合约来抵消管理层与股东的风险偏好冲突[100]。

所有这些都充分表明，经理人积极进行风险管理能够增加公司价值。

（3）财务危机和破产成本

还可以从财务危机和破产成本角度来理解风险管理的价值创造机理。公司应对财务危机和破产的间接成本非常庞大，当公司破产的可能性越来越大时，公司的客户甚至员工会相继离开，对公司造成直接的经济损失，最终导致公司破产。公司会控制企业的风险来降低破产的可能性。当公司经营成本随着破产风险的下降而减少时，净现金流入增加，从而有利于公司整体价值的提升。Smith 和 Stulz的实证结果表明，在公司的财务危机是有成本的情况下，尽管通过对冲进行风险管理也是有成本的，但它可以降低发生危机成本的现值和发生危机的概率[100]。

（4）投资行为

此外，风险管理可以作用于公司的投资行为来影响公司价值。根据 Stulz 的模型，公司通过风险管理可以改善信息不对称，减少由于管理层决策行为不可观测而带来的过度投资或投资不足的成本[102]。Froot, Scharftein 和 Stein 也验证了公司通过风险管理可降低投资不足的成本[103]。公司面对具有正的净现值的项目时，由于内部融资约束需要债务支持，如果无法取得债务融资，会发生投资不足所带来的成本。通过风险管理可以改变公司股东剩余索取权的状态，达到现金流充裕和现金流不足状态之间的平衡。从企业生命周期来看，投资者和管理者之间的信息不对称程度，在企业不同的发展阶段并不一致。通常公司处于成长期时，管理者相对于投资者拥有更多关于公司经营的私人信息。投资者缺乏企业内部可信赖的正面信息时，会盲目地提高对该企业的风险溢价，以保障他们的利益。投资者要求的投资回报率可能远远高于企业应该提供的市场水平，企业因融资成本上升而被迫放弃预期的投资项目。此时，更需要风险管理来减少信息不对称，提高外部投资者对企业的信心，缓解投资不足，减少投资者的损失机会，最终增加企业的价值。

（5）拉帕波特的价值模型

按美国"股东价值之父"拉帕波特提出的分析框架，企业价值的一般模型，包含自由现金流量和资本成本两类基本价值动因，具体包括价值增长持续期、销售增长率、经营边际利润、所得税税率、固定资本增支出、营运资本支出和加权资本成本 7 个价值驱动要素[104]。其中，第 1 个是宏观因素，因行业而不同并影响企业价值，与所参与竞争行业的进入壁垒和该企业对利润流的战略控制能力密切相关；中间 5 个是具体的经营操作因素，对价值的形成发挥重要作用；最后是基于风险和资本结构所要求的投资回报率。拉帕波特提出的贴现现金流模型使价值最大化不仅成为一种管理理念，也变成一种可操作的管理技术[105]。

公司价值由股东价值和债权价值构成，来源于企业经营活动产生的未来若干年的现金流。考虑货币时间价值和风险的现金流，才是最终的股东价值。这表明，企业价值是企业获取的预期收益经风险调整后的折现值，是企业承担风险的补偿，是价值动因在整个企业风险系统作用下对企业的贡献。只有企业获取的实际回报大于资金成本，企业才创造了价值。企业价值创造和实现最终离不开风险这一关键的价值驱动要素，企业应该主动应对和管理风险。如果一个公司要具有持续发展的动力，不断为股东等利益相关者创造价值，就必须首先要识别公司面临的风险。因此，只有在风险和收益实现较好的均衡时，公司价值才达到最大。

拉帕波特的价值模型表明，要增加公司的价值，必须提高公司的现金流量和降低公司资金成本，而风险作为驱动因素直接影响这两个方面。模型清晰地显示出公司价值是由增长、回报和风险三个因素共同决定的，其中，风险维度主要取决加权平均资本成本和公司价值持续期。从财务管理的角度来看，公司价值是用公司持续经营期间自由现金流量的贴现值之和来表示的。公司持续经营期间的现金流和贴现率均与公司的风险高度相关。如果一个公司要具有持续发展的能力，不断为股东等利益相关者创造价值，就必须首先识别公司面临的风险。因此，只有公司增长、回报、风险达到动态平衡时，公司价值才达到最大，价值管理应综合考虑这三方面因素。

4.2　前台业务流程模块化与风险管理变革

本节的主要目的是分析前台业务流程模块化与风险管理变革，首先分析前台业务模块化对风险管理的影响，然后阐释基于流程模块化的风险管理核心机制。

4.2.1　流程模块化对风险管理的影响

以前台业务模块化为代表的流程银行思想引入到商业银行价值管理，将会导致风险管理发生变革。前台业务流程模块化后，风险重新分化、组合并内嵌于业务流程和模块中，各类风险和风险载体（即业务流程及模块）共同成为风险管理的整体对象。同时，业务模块化促成风险管理主体组织结构扁平化，也使风险管理方式趋向专业化、集中化和流程化。

表 4.1　　　　中国商业银行风险管理现状描述与评析

项目	描述	后果
理念	被动地以应付监管为目的，没有认识到风险与收益的对称性； 风险管理和业务发展相对立； 对不同风险的认识程度有明显差异	没有积极通过风险管理来增加银行价值； 风险管理人员与业务人员目标不一致，风险管理与业务发展脱节
组织结构	规模大的商业银行风险管理有相对完整组织结构，与科层制对应，风险管理组织独立性不强； 部分小规模商业银行，由于业务量小、机构精简等原因，尚未建立完整的风险管理组织结构； 部门内部有岗位分工，但是部门负责人可以影响各岗位的相关人员； 缺乏专门负责制定和完善内部控制制度的机构，大多是分散由各职能部门去制定和执行； 国有商业银行中代表出资人利益的风险战略决策层缺位，其战略的审批和执行均由高级管理层负责	无法保持风险管理人员的独立性，难以进行专业化管理，风险管理职能缺失或交叉； 不同职能部门之间往往缺乏有效的沟通，从而导致政出多门，各自为政，使内控制度缺乏整体性和协调性； 形式上的岗位分离掩盖了风险管理责权不一致的实质； 易造成内部人控制现象，董事会难以真正负责并审查信用风险战略和重要信用风险政策
对象	风险管理以信用风险管理为主，管理效果相对较好，对市场风险、操作性风险等重视不够	风险管理对象单一，缺乏整体性
方式	以直接管理为主，定性分析偏多； 专业化管理能力薄弱，忽视业务、风险种类、地区的差异化管理，协调性较差； 风险识别、度量等方面还不精确，各操作环节发展不平衡，风险评估相对比较好，而风险的控制、评价、信息报告等相对比较弱； 风险管理信息系统基础薄弱，风险管理战略建设比较欠缺，风险管理文化培育还有待于加强	不仅不能管理好各种业务风险，反而容易产生新的风险
技术	纵向来看，越来越重视风险管理技术的运用，管理水平比以前有所提高； 横向来看，比较重视定性分析，定量分析上与国际主流商业银行仍存在较大差距； 历史数据积累不够	技术尚不成熟，影响风险管理效果

资料来源：根据国内商业银行风险管理制度、政策和国内上市银行近 3 年年报整理。

表4.1描述和评析了中国商业银行风险管理理念、组织结构、管理对象、管理方式和管理技术与方法。

前台业务模块化带来了风险管理全面变革，主要体现在以下几个方面：风险管理理念革新、风险管理组织结构调整、风险管理对象延伸和风险管理方式改变。

4.2.1.1 风险管理理念革新

西方主流商业银行强调风险与收益的对称性，实现管理风险和创造价值的统一。前台业务流程模块化后，内嵌于业务中的风险成为影响模块价值创造的关键因素。如果仍然把风险当做负面因素，忽视风险与收益对称性，人为割裂风险管理和价值创造，不仅不能防范和化解本不应该产生的风险损失，还会丧失风险管理的价值创造机会。

因此，要通过积极的风险管理来增加银行价值，而不是被动地为满足监管的需要而进行风险管理。银行的存在就是为了承担风险，监管的目标也不是防范乃至降低风险，而是帮助银行进行风险管理。

前台业务流程模块化，可以更清晰地辨认风险管理与业务发展的共同利益和有效契合点，使风险管理和业务发展相互促进、互为补充。在没有模块化之前，风险管理人员一味强调控制和降低风险，导致风险控制不能跟上业务的快速发展。一些风险管理人员不研究业务、研究市场、研究效率，简单认为少发展业务就可以控制风险。否定业务、逃避风险，会阻碍业务的发展，从而降低银行整体抗风险能力。反过来，部分业务人员过分回避风险，不能正确看待和评价风险，错误地把风险管理摆在业务发展的对立面，认为控制和减少风险就是少发展业务，从而阻碍风险管理。

4.2.1.2 风险管理组织结构调整

根据管理学的权变理论，管理组织、方式和技术要随企业内外环境的变化而变化，一个有效满足环境变化需求的企业应保证组织各个子系统要素的设计、管理方式和环境的变化保持连续性。"银行

价值最大化"的经营目标和"以客户为中心"的经营理念催生前台
业务流程模块化，进而促成风险管理组织结构扁平化。

银行的一切经营管理活动，包括其经营管理体系的设计都是服
务于股东价值最大化这一目标的。影响股东价值最大化的因素主要
是两个方面，一是客户服务收入，二是风险成本。

由于客户需求和风险特性随着经济环境的变化而变化，因此西
方商业银行经营管理体系也处在不断的演进过程中。演进动力来自
两个方面，一是客户服务的需要，二是风险管理的需要。以职能为
导向的直线型组织和以产品为中心的事业部制，越来越不适应商业
银行的发展。国际一流商业银行都采用矩阵型的业务条线垂直运作
和管理为主的主流模式，前台各业务模块均以纵向事业部制的组织
结构为基础，形成相对独立的人事、风险管理和业务权的有垂直隶
属关系的条线模块。以条为主、条块结合的矩阵型组织是未来商业
银行组织结构的主导模式。前台业务模块化与矩阵型组织相匹配，
有利于前台业务模块的价值创造。前台业务模块化以客户为中心，
按客户类别将分散在各个职能部门和产品中的工作按照最有利于客
户价值创造的流程重新设计，设计出"端到端"的客户至上的前中
后台的业务流程、风险管理流程和保障流程，向客户提供"一站式"
全方位和个性化服务。

4.2.1.3　风险管理对象延伸

前台业务模块化后，风险窗口伴随前台业务前移，风险在不同
模块和流程中重新分化和组合，导致风险管理的对象发生变化。这
种变化是相对的，不是说所管理的风险类型发生了根本变化，而是
指风险与各个业务模块和流程紧密结合、不可分割，即强调风险及
其业务模块载体成为风险管理的整体对象。

另外，风险管理组织架构也必须跟随前台业务模块化作出适应
性调整。组织架构中的各风险管理单元及其风险管理人员是风险管
理的主体，既然风险管理对象变化了，管理主体理所当然需要适应

这种变化。

4.2.1.4 风险管理方式改变

业务模块化不仅使风险管理理念、风险管理组织结构和风险管理对象发生变化，还会影响风险管理方式发生改变。

（1）风险管理趋向专业化和集中化

业务流程模块化思想同样适用于中台风险管理。中台风险管理就是一个大模块，这个模块主要是从中台的主导功能演变而来的。按模块来理解，中台风险管理并不意味着风险管理就是位于中台的风险管理部单个部门的事，事实上，下面在论述风险管理组织机构设计时将提出，风险管理涉及从董事会到风险经理等多个管理主体。从模块之间的关系看，中台风险管理模块直接作用于前台业务模块，为前台价值创造提供控制和管理支持，构成中台到前台的风险管理流程。就风险管理模块本身而言，其内部由许多子模块和相互交织的流程构成，如可以按风险类别划分为信用风险模块、市场风险模块和操作风险模块，它们渗透到前台的业务流程中，管理各种范围内的风险，整个风险管理大模块能集中资源和力量管理前台业务模块的所有风险，呈现管理流程化和集中化趋势。具体某类风险管理的一般流程是一致的，但某个业务模块或业务流程所蕴涵的同类风险，水平各不相同，重要性也不一样，而且各类风险经理的专业特长也各有侧重，这就促成了风险管理的专业化。

（2）强化整体风险

业务流程模块化后，所有归属该流程和模块的风险都必须受到关注，这与《巴塞尔新资本协议》的思想相契合。

《巴塞尔新资本协议》的出台，标志着西方商业银行风险管理和金融监管理论的完善和统一，自此国际银行界形成了相对完整的风险管理体系。随着银行业经营的日益多元化、国际化、综合化，风险管理能力已经成为银行经营成败的最重要因素。在未来相当长一段时期内，衡量银行风险管理水平高低的一个重要指标就是该银行能否达到《巴塞尔新资本协议》的要求。新协议详细规定了风险敏感度更高的银行最低资本要求，帮助银行评估资本充足率和监管当局审查银行的风险情况。通过提高银行财务报告的透明度，新协议还力求加强市场约束。

《巴塞尔新资本协议》的最终文本，是向世界各国监管当局和商业银行广泛征求意见后的结果，它为各国立法和监管以及商业银行完成新协议实施的各项准备工作奠定了基础。新协议的出台，提出了针对风险资产应设定最低资本要求等原则，标志着商业银行相对完整的风险管理体系的基本形成。新协议代表了国际银行风险管理理论的最新发展。一是商业银行的风险管理范畴从单一的信用风险扩展到信用风险、市场风险和操作风险并重。二是以定量和定性相结合的方式提出了对银行风险管理和资本金监管的要求。三是为商业银行和监管当局提供了多样化的风险衡量方式和资本监管选择，促使商业银行根据自身实际发展状况不断改善风险管理。新协议的诞生在一定程度上使商业银行竞争的重点转向了风险管理能力的竞争。

（3）风险管理技术和人的因素并重

风险管理方法由单一方法向资产组合管理转变，风险管理技术由定性分析向定性、定量分析相结合转变。做好定性分析就是要在信息尚不完备的条件下，通过对市场、行业变化趋势的分析，凭借与客户的接触对风险因素进行及时的发现和甄别。未来中国商业银行风险管理将更加强调定量分析，通过大量运用数理统计模型来识别、衡量和监测风险，这使得风险管理越来越多地体现出数理化、定量化的特征，逐步由简单的技术管理过渡到复杂的统计分析管理，并最终走向定量分析。同时，要重视人的作用，无论多么先进的管理和技术模型，最终都应该由人来执行，因此，对人的行为控制和管理也是风险管理必不可少甚至是摆在首位的考虑因素。

（4）重视风险管理基础设施建设

前台业务流程模块化增加了风险管理的复杂性和难度。要从整体上把握全行风险，商业银行越来越重视风险环境、风险偏好、风险战略、风险文化和信息技术在风险管理中的应用等软性的风险管理基础设施建设。

4.2.2　基于流程模块化的风险管理核心机制

商业银行风险管理体系构建及其运作机理是银行公司治理的重要组成部分，同时也是银行各项业务发展的基础性制度。由于公司治理是关于商业银行利益相关者，尤其是股东、经理和债权人之间责权利基本关系的安排，其基本结构决定了商业银行对风险的承担和管理以及相应风险收益的分配和管理激励，从而对商业银行的风险管理体系起到基础性的决定作用。公司治理这一制度安排决定了商业银行的经营目标，而风险直接影响目标的实现。商业银行风险管理的核心思想是，一个有效的风险管理体系及其运行机制必须保证风险管理战略与银行的业务战略相适应，最终满足商业银行价值最大化的根本目标。

4.2.2.1　经济资本配置机制

价值目标决定了银行决策层的风险偏好以及高层管理者在经营理念和管理哲学中包含的风险态度，目标是否能够实现及实现的程度取决于银行管理者对风险的控制管理能力和行为。风险管理体系是银行应对风险的战略反应机制，其职责核心就是确保风险管理的适当性和有效性。银行有能力而且要积极承担与价值目标相匹配的风险，主动规避那些不具有适当风险溢价和超过银行资本金承受范围之内的过度风险。

与价值目标相匹配的风险管理，首先是通过经济资本配置来实现的。商业银行对所有业务面临的风险进行量化，然后根据董事会的风险偏好和风险战略确定经济资本分配，最终表现为信用限额和交易限额等各种业务限额。相对于反映股权价值的会计资本概念而言，反映机构整体风险的经济资本概念对于商业银行管理具有更加重要的意义，这主要表现在其将风险管理和资本预算结合起来，使得风险管理成为商业银行管理和决策的核心，也使得商业银行更加明显地体现出其经营和管理风险的企业本质。风险管理与资本预算的结合反映在如何将有限的经济资本分配给整个机构内的各个部门、业务单位和产品项目，以最大效率地利用稀缺和有成本的资本资源，即经济资本配置问题。对于风险较高的业务，由于经济资本占用较多，资本费用较大，其风险定价相应较高。

此外，经济资本配置还推动了全面风险管理的发展、组合管理和内部资本市场理论在整个商业银行范围内的应用。经济资本配置直接融入商业银行自上而下的各项投资和管理决策之中，商业银行的整体经济资本对风险的计量范围覆盖商业银行所有的产品、业务单位和地理区域以及所有风险因子，尤其是采用 VaR 这种具有统一风险单位的风险计量方法，使不同的风险因子、不同的业务部门和分支机构的风险水平得以相互比较、汇总和交流，从而使商业银行可以在各个管理层次上，从单个产品到产品组合，从业务部门到分支机构，从营业网点到地区总部直至整个机构，都可以进行经济资本的统一计量和配置管理。同时，经济资本配置以计量产品或业务单位对整个机构的边际风险贡献为基础，考虑了风险因素之间的相关关系。这与现代资产组合管理的基本理念是一致的。

当然，风险与收益是对称的，用经济资本配置来规避银行不擅长和不能管理的风险，容易产生机会成本。如果某业务所分配的经济资本较少，就迫使业务部门降低对该业务的风险暴露，甚至退出，银行就会丧失获取那些业务产生收益的机会。

所以，商业银行必须寻求和补充新的管理机制对风险进行更为积极的管理，而风险对冲就是这种新机制的代表。

4.2.2.2 风险对冲机制

风险对冲可以用于管理包括系统性风险在内的全部风险，而且可以根据投资者的风险承受能力和需要，通过调节对冲比率将风险降低至希望的任意水平，使风险管理目标与银行价值目标相匹配。风险对冲通常被定义为运用衍生产品等金融工具来降低商业银行对某一风险要素的风险暴露，因而对利率和汇率等市场风险的管理较为奏效。

这些衍生产品尽管通过金融工程的创新变得复杂多样，但从对冲风险的基本方式上看可以分为期货（或者远期）类对冲和期权类对冲，前者因对冲损益与基础资产价格呈线性关系而被称为线性对冲，后者则被称为非线性对冲。对于商业银行而言，除了利用市场中的衍生产品外，还可以利用各项基础交易中在同一风险要素影响下损益变化方向相反因而具有对冲效果的交易来进行所谓的自动对冲。运用衍生产品对冲风险实质上是以直接交易风险的形式转嫁风险，这种风险转嫁是需要付出成本的。这种成本有两种基本形式，一种是以期权费和保险费为代表的直接的费用支出，另外一种是期货或远期交易中以盈利机会的丧失为代价来换取损失可能性的消除。

因此，对冲是降低和消除风险的有效手段。但是，商业银行在降低和消除风险的过程中也相应降低或失去了该风险因素带来的盈利机会。这也正是风险交易中高风险高收益、低风险低收益这一市场规律的表现。相对于市场对冲而言，商业银行内部基础交易之间自然对冲的成本低，主要来自于对基础业务进行必要调整的代价。

因此，商业银行要尽可能发现和利用业务调整代价不高的内部对冲机会，在充分运用自然对冲之后的剩余风险才转向市场对冲。商业银行在业务经营中面临相互捆绑在一起的多种风险因素，即期市场往往难以独立将这些风险因素分离开以便商业银行选择承担或规避，从而影响到商业银行对该项业务的整体开展，而利用衍生产品对冲某些风险却可以将原来捆绑在某一业务中的多种风险因素分解开，进而更加有利于商业银行选择承担其所擅长管理的风险。因此，对某些具体风险因素进行对冲以减少对该风险因素的暴露，从商业银行整体看更加有利于对目标风险因素的承担，进而从整体上提升风险承担水平，相应增加盈利机会。

4.2.2.3 业务流程管理

在整个风险管理机制的具体落实过程中，业务流程起着关键作用。商业银行经营由一系列业务活动组成，而支撑这些业务活动运作的是一个个业务流程，流程的集合就构成银行经营活动的整体。因此，在业务流程再造或优化过程中考虑风险管理因素将是提升银行风险管理能力的必然选择。风险管理以业务流程为依托，通过业务流程活动实现。

首先，风险管理仅仅是一种银行管理的手段和工具，风险管理的实施可以让银行管理者的决策更加科学和合理，但它绝不可能替代银行正常的业务管理活动。其次，风险管理和银行的业务流程活动有着共同的目标，即实现业务目标。风险管理是为了更好地实现业务目标而采取的科学方法体系，以便更好地处理影响业务目标实现的因素。最后，风险是结果对目标的偏离，所以源头管理和过程控制显然是较为理想的风险管理路径，而风险的源头正是各个业务流程的风险暴露，风险管理过程与业务流程实际上也融为一体。业务流程中的管理部门承担着风险管理的首要和直接责任，风险管理覆盖商业银行所有的人员、部门、分支机构和所有的业务线路及其全部流程，甚至负责风险管理本身的管理人员也应该受到相应的监督和控制。

4.2.2.4 三位一体的核心机制

综上所述，风险对冲是剥离业务中的各项风险并在机构范围内实现风险配置的重要技术手段，而经济资本配置则从机构整体上考虑所有风险因素，从风险收益平衡和公司价值增长的角度将对冲、投资和融资决策以及事后的业绩评价和薪酬激励结合起来，从而使风险管理突破内部控制的局限，进入了商业银行决策的中心。对冲机制是现代风险管理的重要机制，但对冲机制所解决的问题仅仅是提供降低风险的合适手段和方法，主要是站在交易员角度关注对冲的实现工具及其定价问题。而经济资本配置站在整个商业银行价值增长的角度关注对冲对象的确定和对冲程度的大小的问题，这是对冲机制本身不能解决的。

因此，对冲为经济资本配置的实现提供操作手段，即剥离和转嫁风险的手段，而经济资本配置站在整个银行的角度为对冲提供了目标和依据。银行风险管理在业务流程中的有效实施，能够从分散的流程活动中总结出银行总体状态，并可以清晰界定责任主体。其前提是银行具备清晰的业务流程，并且要有专业风险管理工具的支撑与经济资本配置机制。

前台流程模块化是现代商业银行的一个重要趋势，基于流程模块化的商业银行风险管理的核心机制是业务流程管理、风险对冲和经济资本配置三位一体的有机结合。一是划分合理、清晰的流程和模块，挖掘各种可能的风险点，并通过流程直接控制那些不需要特定技术和工具进行管理的风险；二是根据银行价值目标所确定的风险偏好，测算特定流程模块中的各项业务所需的资本金数量，根据所需资本金数量建立相应的限额体系，通过控制该限额体系的执行，进而将业务风险控制在银行确定的风险偏好内；三是采用风险对冲机制进行风险管理，使风险管理的效果与银行价值目标一致。

三大机制在发展上相互承接，在技术上相互支持和配合，在内容上相互补充，共同实现商业银行价值增长和核心竞争力提高的根本目标。

由此可见，商业银行风险管理效果取决于"资本"和"人"两个因素。"资本"指银行有多少可抵御风险的经济资本，是硬约束；而"人"指人员的风险管理能力和道德风险，是软约束。为使软约束尽可能向硬约束转化，可以将以风险对冲为代表的一系列风险识别、计量、评估和管理的风险管理技术与方法的掌握和运用程度，视为银行风险管理能力。此外，清晰的流程明确了"应该做什么"、"这样做有什么后果"等激励与约束问题，综合反映了银行内部控制能力，可以降低风险管理过程中的道德风险。因此，可以将以业务流程中的管理风险为代表的风险管理执行力作为风险管理过程中的道德风险的替代变量。

4.3　基于流程模块化的风险管理体系构建

前台业务流程模块化为客户提供增值产品和服务，直接为企业创造价值。银行风险大多内嵌于银行的各项业务流程和模块，因此需要构建基于流程的商业银行风险管理体系，对前台业务流程模块化进行操作规范、内部控制和风险管理。本节将分析基于流程模块化的商业银行风险管理体系，其主要内容是扁平化的风险管理组织模块设计，风险管理功能模块和流程的划分，信用风险、市场风险与操作风险这三大主要风险的管理。

基于前一节风险管理三大核心运行机制的分析，本书认为，基于流程模块化的商业银行风险管理体系的构建思路是：在明晰各个业务流程的基础上，完善风险管理组织架构，确定与公司发展战略和价值目标相适应的风险承受水平，采用多种合适的风险管理技术和工具，建立健全风险管理流程，制定风险管理政策，对风险分类管理、总体把握。

构建完善的风险管理体系是商业银行发展的根本基石，有助于落实好流程管理、风险对冲和经济资本配置三大风险管理机制，确保公司所有风险都被有效控制和管理，提高整个商业银行在风险环境中的决策水平和竞争能力，尽可能取得收益、风险和增长之间的平衡，实现既定价值目标。本书认为，基于流程的风险管理体系应包括风险管理基础设施（包含风险管理环境、风险管理文化、风险偏好、风险管理专业人才等）、风险战略与目标、风险政策和程序、风险管理组织架构，风险管理方法和技术等方面[1]，如图 4.1 所示。

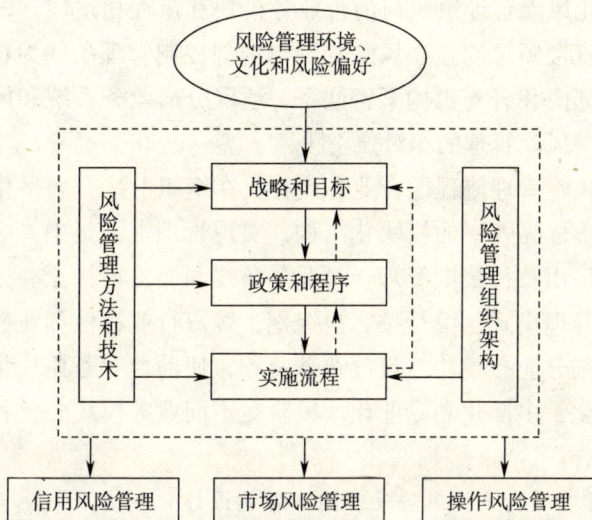

图 4.1 基于流程的商业银行风险管理体系

4.3.1 扁平化风险管理组织架构

4.3.1.1 风险管理组织架构的独立性要求

健全的风险组织结构及各个风险管理主体的独立性是确保风险管理战略得以有效执行的关键。国外商业银行基本都具有从董事会、风险首席执行官到风险管理部门和风险经理等较为独立的风险管理组织结构，其独立性不仅表现在风险管理要独立于业务模块，还表现在程序控制、内部审计和法律管理等方面。银行的风险管理势必要渗透到业务部门的运作中，因而很容易受到抵触。如果风险管理部门没有独立于业务部门的权威性，风险管理工作将难以顺利执行

---

[1] 本书更多地强调流程角度，因此没有论述风险管理文化、环境等风险基础设施建设。又因为业务模块化对风险管理的组织架构和管理方式影响较大，而对风险计量和评估技术影响相对较小，因此本书不再展开论述某一具体的风险计量和评估技术。

下去。

扁平化风险管理组织与前台业务模块和流程相适应，以董事会和高管层直接领导的独立风险管理与内部控制管理条线为核心，与各个业务部门和分支机构紧密联系，适度分离业务系统和风险管理系统，保持风险管理的相对独立性。

中台风险管理流程配合业务流程，在组织上推行扁平化风险管理结构，形成高效率的模块化结构，实现管理资源集中。中台风险管理基本采用总行集中管理、对业务条线和分支机构派驻风险经理的矩阵式管理模式。银行按客户级别、客户行业特性和业务本身特点等因素细分业务模块、设计业务流程，使前台业务模块化的服务更加差异化、多样化和专业化。风险在不同业务模块和流程中重新分化或组合。

4.3.1.2 扁平化风险管理组织架构设计

扁平化风险管理组织结构的设计思想源于决策权、执行权和监督权的相互分离，简化为战略层—经营层—作业层三个层次，分为决策系统、执行系统、监察系统和支持系统 4 个子模块。通过组建面向顾客的工作小组，明确小组内各成员的作用和职责，做到责权利统一，使小组成为一个享有充分自主权和决策权的团体。风险管理组织结构可以简化为基本的三个层次，即以公司董事会为主的，主要负责战略规划和对经营流程的协调、监督的战略层，负责流程设计、优化和经营的、由各个面向顾客流程的工作组形成的经营层，各流程内部执行不同作业的作业层。4 个子模块如下：

（1）决策模块

董事会领导下的风险委员会和行长领导下的风险管理委员会及各类专业性委员会，一般包括资本管理委员会、信贷资产委员会、资产负债委员会、风险资产管理委员会等，结合股东的风险偏好，负责制定全行风险控制和风险管理的战略，确定全行风险管理的制度框架、确定全行风险承受程度与能力，以控制宏观风险。

（2）执行模块

风险管理部门自上而下垂直设立，并设置风险执行官和风险经理岗位，实行风险经理委派制。风险管理部门委派风险经理到下级行和业务部门，在业务运作过程中管理和监控风险。风险经理隶属于上级风险管理部门，实行风险双线报告，即同时向同级业务模块横向报告和向上级风险管理部门纵向报告，并以后者为主。

风险管理部具体实施总行风险管理委员会和其他专业委员会制定的各项风险控制的政策、程序和制度，保证风险管理的执行，实施授信业务的风险管理，处置不良资产，以控制业务操作中的中观和微观风险。对上行使纵横结合、以纵为主的风险报告制度，执行风险管理委员会和高管层制定的风险预警、行业风险控制制度，突发事件处理，控制全行宏观风险和系统性风险。

风险管理部对业务部门、区域总部和分行的业务运行中的各类风险，通过指派风险经理、运用风险管理工具，实施风险监控，以控制全行业务风险。通过审批中心、放款中心等部门的设置和限额控制、授信授权等管理方式，实施授信业务的风险管理，处置不良资产。

（3）监察模块

监察模块包括董事会审计委员会、监事会、高管层领导的审计部门。从风险管理角度，该模块负责内部控制和内部审计，支持外部审计和行业监管部门的审查，对业务部门和风险管理部门业务操作及员工行为的合规性进行约束与监督。

董事会、监事会和高管层各司其职：董事会及其审计委员会负责对风险控制体系的总体设计和管理，制定风险宏观政策和制度；监事会注重风险检查系统的检查和监督，审查审计部门的风险监察报告；高管层负责执行风险控制政策和制度、制定有关程序，监测全行的风险情况。

（4）支持模块

风险管理支持模块由研究、法律、财务、行业分析和IT等部门构成，这些部门不直接构成风险管理组织体系，只提供风险管理过程中所需要的宏观经济、法律咨询、行业风险预测、风险预警信息、风险监控技术、管理会计方法等方面的信息和技术支持。

图4.2为商业银行风险管理架构，其中从董事会到风险管理委员会为战略层，首席风险官、风险执行官和风险管理部为执行层，风险经理为作业层。

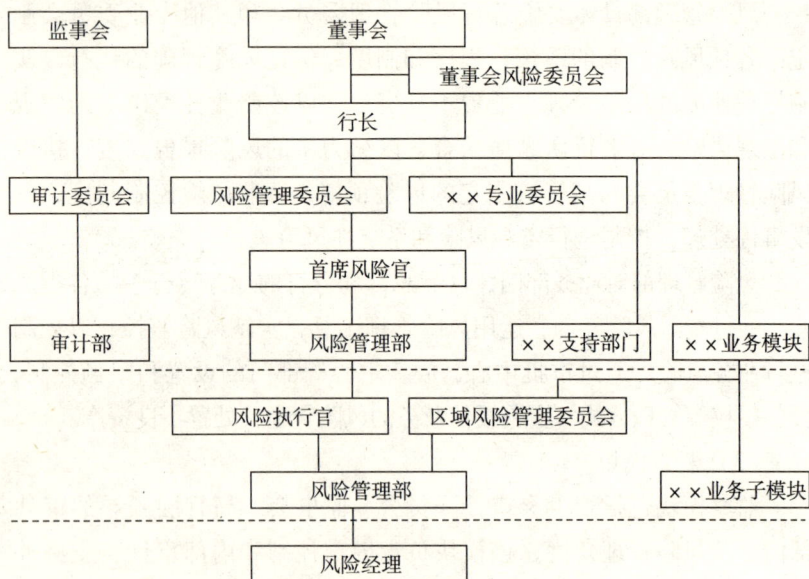

图4.2　中国商业银行风险管理组织架构设计

与业务模块化匹配的风险管理组织是一种集中管理、分级执行的组织，能够适应动荡变化的内外部环境，将成为风险管理架构发展的新趋势。它以各业务模块作为单独的业务经营单元、风险管理单元和利润中心，按条线对各业务模块的风险进行垂直管理。将职能型的风险管理转变成为垂直化的流程管理，实现风险管理活动设计整体化和标准化。

在此架构中，参与流程运作的各风险主体各司其职，集中风险管理功能。尽管每个员工所从事的工作与过去相比没有太大的区别，但他们不再各自为政，而是群策群力，共同推动新的流程。

4.3.1.3 扁平化风险管理组织蕴涵的管理思想

扁平化风险管理组织体现了集中与分散相统一的管理思想，使得董事会和高级管理层能充分了解商业银行作为一个整体所面临的各类风险状况并对各类风险实施有效管理。为了确保各类风险都得到管理并及时向高层汇报，不同类型的金融风险应由相应的专业机构来负责管理，不同的风险管理机构最终都应直接由总行高级管理层中的专职风险管理行长负责，由其统筹规划实现风险的集中管理。同时，考虑到业务的多样性和风险的复杂性，在风险集中管理的大框架下，不同类型的风险应交由不同的专业机构来管理，以提高管理的效率和水平，比如合规风险应由独立的合规部门而不是传统的风险管理部门来管理。

这种风险管理架构的优势比较明显，主要体现在以下几个方面。

（1）风险的集中管理有利于从整体上把握银行面临的全部风险，从而将风险策略与商业策略统一起来，实现业务发展与风险管理的有效平衡。风险的分散管理有利于各相关部门充分发挥专业知识集中力量将各类风险控制好，体现出专业化分工的优势。风险管理过于集中往往使该部门不能专心于某类风险，风险管理过于分散则往往容易造成信息割裂和管理真空，不利于银行商业策略与风险策略的结合甚至违背银行的发展策略。

（2）设在各业务模块和分支机构的风险管理部门实行双线汇报，同时接受上级行风险管理部门和同级业务模块或同级分支行的双重领导，并以前者为主。这有利于业务模块经营风险的集中控制和有效管理，有利于独立审查不同层级的风险项目，有利于各业务模块实现风险、收益和业务增长之间的平衡，有利于总行对全行和各分支机构整体经营风险进行掌控和管理，对突发事件和系统风险进行有效识别、控制、处置和化解，保障全行分支行及各项业务的稳健经营。

（3）在不同业务模块中保持全行统一的风险计量、评估和技术，不同业务模块保持统一的风险管理标准流程，同时允许各个业务模块在标准流程的指导下制定适应各业务子模块发展的子流程。这样，对于新产品、新业务，银行可以确保其在创新出台和引进之前就为其制定出适当的风险管理程序和控制方法。

（4）垂直管理风险使各业务模块的风险管理保持独立性，提高专业性，有利于其快速适应外界环境的变化，对重大风险因素的变化能及时反应和处理。独立性包括董事会与高级管理层之间风险管理职责的独立性、政策制定与实施之间的独立性、独立于业务部门的风险管理部门、独立的风险管理评估监督部门。其实质就是要在银行内部建立起一个职责清晰、权责明确的风险管理机制，因为清晰的职责划分是确保风险管理体系有效运作的前提。独立性并不排斥部门之间的交流与合作，对此巴塞尔委员会特别强调董事会、高级管理层和审计机构之间要进行充分的交流和合作。

（5）风险管理部门垂直化管理，有利于总行和区域审批中心统一对超权限的项目和重点项目的审查把关、强化各业务模块对日常风险监控的集中管理。

4.3.2　风险管理的功能模块和执行流程

4.3.2.1　风险管理的功能模块设计

商业银行风险管理按功能可设计为战略和目标模块、政策与程序模块和管理执行模块。

战略和目标模块的主要功能是银行根据风险管理环境而制定风险管理战略和目标。战略和目标模块为其他功能模块提供规则和依据。环境因素包括股东的风险管理理念和风险偏好，各级风险管理主体人员的道德声望、专业胜任能力、风险管理理念和文化的理解、风险容忍度和偏好。它影响风险战略目标的制定，以及风险识别、评估和应对管理，也不同程度影响风险的信息报告和风险管理执行的效果。

企业的风险管理能力和需求，会因企业规模、企业文化及管理哲学而有很大的不同。某一企业及其内部各部门对企业风险管理框架的应用，包括所采用的工具和技巧，以及企业风险管理的作用和职责的分配，都会表现出差异。即使企业拥有胜任的员工、有效的程序及可靠的技术，内部环境的许多变量，如果不被准确理解，风险就很难被统一有效管理。为此，要确立好明确的风险管理目标。

风险管理之前必须首先制定战略和设定目标，该目标能够鉴别企业为完成任务必须承担的风险，然后采取必要的措施来管理风险。每一个企业都面临着一系列来自外部和内部的风险，有效的事件鉴别、风险确定以及对风险对策的预测都是目标确定的依据。

目标的确定是和企业风险特点相联系的，并且该目标决定着企业活动承受风险的水平。目标确定包括对企业风险战略目标的选择及其在不同业务模块和不同管理层级之间的分解与落实。银行的高层和董事会需要知晓各主要方面的风险，清楚知道应该加以管理的风险分类。

此外，要将整个风险管理贯穿到各级人员的工作中，每个人都要在风险管理中承担各自的责任。董事会应该依据对风险管理环境的判断，确定未来一定时期内自身的风险管理目标，同时要求该目标能反映风险主体的风险容忍程度及其对某种风险的特征的理解。这一战略目标是风险管理的最高目标，与银行愿景和发展战略相匹配，即选定的目标与银行风险偏好和管理文化相一致，从而确保风险管理战略的传导和落实。

整体战略目标决定风险容量水平，各管理主体在风险管理战略目标的基础上制定相关的管理原则和管理计划，战略目标应该具有与风险和采取的行动相适应的范围和尺度，并定期清楚地传达给所属人员，以维持一定的风险意识水平，同时确保它们被一贯地执行。

政策和程序模块，是指按照风险管理战略和目标制定的政策制度和决策程序。风险管理的执行流程要遵循相应的政策和决策程序。如商业银行的信用风险管理政策由风险管理委员会制定，包括授信政策、风险识别政策、风险分类政策、资产保全政策等，指导风险识别、风险控制和管理等流程。风险管理政策制度建设是由董事会与银行管理层按照层次差别分工制定和实施，形成以风险管理战略和目标为导向的统一行动纲领。

一些商业银行目前的风险管理委员会主要由业务部门负责人组成，业务部门高级管理层对风险管理的天然排斥，使得风险管理的很多政策制度和程序不是从风险管理的本质要求出发，而是从业务部门高级管理层的需要出发，部门利益主导下制定出来的风险管理政策、制度和程序，必然缺乏整体性和统一性，因而缺乏规范性和权威性，风险管理政策、制度和程序在执行过程中出现各取所需的问题，随意性很大，这也正是目前中资银行很多风险管理政策流于形式，执行力度差的根本原因所在[106]。

管理执行模块遵循风险管理政策和程序，运用合适的管理方法和技术负责具体实施风险管理战略和目标。

从功能模块与组织模块的关系看，战略和目标模块与风险管理主体的董事会及其风险委员会联系，政策与程序模块与董事会授权的行长及其首席风险官、风险管理委员会相对应，管理执行模块与各级风险管理部门及派驻的风险经理相匹配。

4.3.2.2　风险管理的执行流程设计

商业银行风险管理各模块的功能最终要通过具体的流程来执行。功能模块的基本执行流程是指，风险管理组织架构中的各级风险管理主体对各业务模块内部或模块之间的各种风险进行控制和管理时所执行的一般化流程。

模块与流程相辅相成，风险管理执行模块的流程是风险管理主体落实风险战略与目标的具体实施过程，是对风险管理政策的细化和执行。完善的风险管理流程设计能够及时准确地对风险进行识别和评估并提出风险管理措施。"部门银行"的风险管理缺乏系统的风险管理流程研究，风险管理工作分散在各个具体的部门，因此只能任由各部门各自为政。

同时，风险信息散布于各业务部门，缺乏正式的风险信息归集渠道和风险报告制度，决策层难以得到各类风险的及时的完整信息。清晰地界定商业银行风险管理执行的一般化流程，注重在业务模块中的各业务流程中控制风险，既可控制关键的风险点，又可使风险管理成为一个持续改进的动态流程。

为了实现银行的经营目标，风险管理活动主要集中于：保证组织目标的一贯性；识别关键的成功因素和风险；评估这些关键风险并作出反应；实施适当的风险反应措施；及时报告业绩和期望。对于这些目标，风险管理能提供合理保证，及时告知管理当局企业与这些目标接近的程度。

因此，本书借鉴结合《巴塞尔新资本协议》的思想，将银行风险管理执行的基本流程设计为风险识别、风险评估和计量、风险控制和管理、信息报告和效果评价，如图4.3所示。

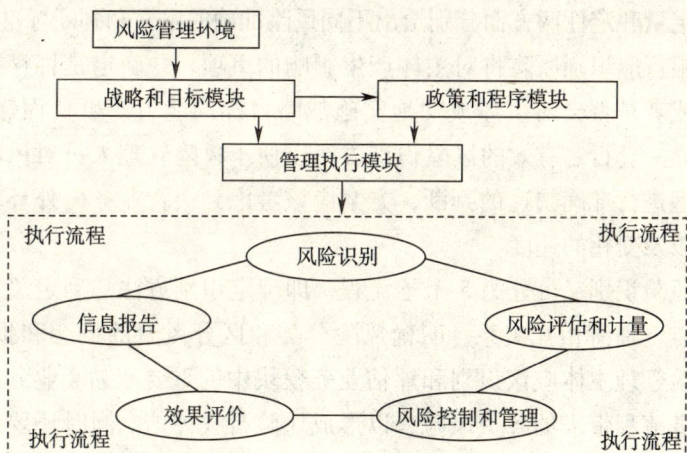

图4.3　功能模块和管理执行流程

（1）风险识别

风险管理目标确立后，商业银行就必须主动识别风险。风险识别是指对商业银行的风险存在、风险特征、风险性质和风险类别的识别和辨认。银行的风险识别是一系列兼顾过去与未来的识别技术的组合，同时以相应的辅助工具作支撑。通过建立系统化、制度化的风险识别机制，提高风险管理的主动性和反应速度，支持风险管理决策的有效性，提升经济资本的配置效率。国外先进银行往往建立了科学的风险识别程序并建立起相应的风险识别系统，为风险的评估准备数据信息基础。相比而言，国内商业银行缺乏系统化的风险识别机制，风险识别活动随机化、分散化和局部化，风险识别标准缺失，风险识别权责不清晰，前台、中台和后台之间分工与合作不够，风险识别活动覆盖面有限，识别活动存在盲区。

风险识别是准确计量风险的前提，首先回答"是否是风险，是什么类型的风险，会产生正面还是负面影响"，才能对风险程度和大小进行分析。应该根据特点的不同将信用风险、市场风险和操作风险分类识别，具体的过程应该以当前和未来潜在的风险为重点，同时从定量和定性两方面分别给出不同风险准确的定义和判断标准。

银行应识别风险将对主体产生影响的事项，并确定是否存在机会，或者是否会对主体成功地实施战略目标的能力产生负面影响。要建立一套行之有效的风险识别方案以便于风险管理人员对风险及其类型进行准确快速的判断，方案应该考虑到银行业务内外环境的变化以及变化的速度。

风险识别又可分为5个子流程，即确定识别方法、确定关键的风险点、理清相互关系、明确风险分类和区分风险的机会和损失。各风险管理主体应该识别和评估业务模块中的重要产品、业务活动和业务流程带来的各类风险，以形成风险自我评估。同时还要确保在引入新产品、业务活动、流程和系统之前，充分评估它们将带来的风险。风险管理主体应在责权范围内，掌握风险发生的类型、深度、广度和时间跨度以及相互关系，同时，结合关键风险指标来实施一套流程，定期控制整体风险和严重损失，定期检查其风险限额和控制策略，并采用适当的策略进行相应调整。

（2）风险评估和计量

风险评估和计量是指银行采用合适的评估方法和计量技术，根据风险管理的目标，结合已识别的风险类型、特征和性质，评估和计量风险发生的可能性和影响程度，以确定合适的风险控制和管理措施。风险评估的作用在于使管理层可以将各类风险暴露总额与风险管理战略和政策进行比较，识别银行不能接受或超出机构风险偏好的那些风险暴露，并选择合适的缓释机制和对冲工具。风险缓释与对冲完成后，银行将可以得到总体层面上的经济资本数额，通过比较分析，可以直观地看出银行面临的各种风险情况，通过不同时期数据的横向比对，也可以看出各种风险的变化情况。

风险评估时，首先要分清风险的属性，分清风险是可接受的还是不可接受的。对已识别的可接受风险，要根据风险等级和控制目标，进行持续监测和定期评审，制订风险控制措施和方案，确保将已识别的风险控制在各自限定的风险容忍度内。对不可接受的风险，要结合风险管理目标制订控制方案。风险评估主体依据已识别风险的影响因素、后果、发生概率、持续时间和控制能力，采取管理措施实现风险管理目标。

风险评估和计量应从定性和定量两个方面分析风险发生的可能性和影响程度，风险计量和风险评估是密不可分的。管理层在风险不能量化，不能取得定量评价所需的足够可靠的数据，或者取得或分析数据不符合成本效益原则时，经常采用定性的评估技术。定量技术可以带来更高的精确性并作为定性技术的补充运用于更为复杂的风险管理活动中。

国外先进银行多数运用风险评估模型与计量技术，依据各自的业务范围和金融产品对风险进行评估与计量。其中，多数都以 VaR

为核心度量方法，建立市场风险评估系统和信用风险内部评级系统，并努力将操作风险的内部计量包括进来；建立一体化的风险评估体系，使风险评估的结果能相互比较以利于决策，合理地在不同业务间配置经济资本。由于各种原因，目前国内商业银行大多对风险进行定性分析多、定量分析少，往往是通过现实损失来衡量风险大小。

《巴塞尔新资本协议》给中国银行业内部评级提出了新要求。但是，由于缺乏数据的积累，风险评估的定量化还存在基础性困难。风险管理部门应借鉴《巴塞尔新资本协议》中不同风险的量化方法，结合银行自身情况，选择适合方法分别对各种不同的风险进行计量，以确定其受险程度和银行应为之准备的经济资本，比如对信用风险进行量化的 IRB 方法，对市场风险进行量化的 VaR 方法，对操作风险进行量化的内部测量法等。

（3）风险控制和管理

风险控制和管理是确保风险管理流程实施和执行的关键。首先，要确定与所识别风险相关的、需要采取控制措施的业务流程，并对其加以控制。其次，要针对可能导致偏离内控政策和目标的业务流程，建立标准化的处理程序。在控制和管理方面，可借助企业损失数据库，用以分析损失发生在哪个行业或区域、应采取何种措施降低风险，让管理层进行前期跟踪并对那些高风险行业或区域的风险进行管理。

具体到单个目标的控制，需要采用主要控制指标和主要风险指标两个参数。它们能够准确预测风险和控制状况的变化，尤其是主要风险指标能让银行在事发前监控风险状况。通过对关键点的控制，掌握整个目标风险的管理，以提供一个控制基准，有利于其他风险管理方案的借鉴。同样，在最后的监督汇报步骤上，还要通过主要风险指标和主要控制指标两个参数进行监督。通过这两个参数体系能够实现风险早期预警和早期发现，并在风险加剧前采取措施，以配合各个相关流程的运转。

（4）信息报告

信息报告在风险管理和监管中的作用非常重要。报告必须以对银行的整体风险进行分析为导向，内容应该包括银行面临的关键风险或潜在风险事件、有意识的补救措施、已实施措施的有效性、管理风险暴露的详细计划等方面的信息。风险信息来源于风险管理流程中的各个环节，包括风险管理部门内部的信息交流和整个部门对外部的风险管理信息反馈。在银行内部，通过把风险管理的整个过程以文件、汇报或报告的形式公布出来，可以为决策部门提供决策依据；在银行外部，可以为银行监管部门和市场参与者提供完整的信息报告。

（5）效果评价

效果评价是整个风险管理体系中的后评价阶段。后评价是指在风险政策制度及风险管理方法制定之后，通过对执行情况的跟踪、监控和了解，对其执行效果进行总结、判断和评价，以不断改进授信决策质量、提高风险控制水平。

不同风险管理主体和业务模块要进行不同主题的定期的后评价。后评价包括对银行内的风险管理政策和有关业务制度进行评价，对重大项目和产品风险进行过程评价和后评价，以清楚地了解业务部门和管理部门中出现的问题。风险评审委员会的后评价工作要侧重于政策和重大项目，尽职调查小组的后评价工作要侧重于业务模块的工作，而前台业务模块主要侧重对各自业务风险和客户的后评价工作。内部审计部门应该实施定期检查，分析风险控制环境并检测已实施的控制的有效性，从而确保风险管理在有效的控制下展开。而且风险管理部门应根据外部环境、监管当局要求以及回溯测试中发现的问题，对风险管理体系中有关内容提出调整和完善意见，结合内审部门的建议把需要改进的内容通过信息传递和反馈，进入下一轮的风险管理流程的循环。

效果评价的根本目的是为了促进和提高风险管理机制运作的有

效性和科学性，更好地防范风险并服务业务发展，具体内容为：检查和评价分行和业务部门风险控制工作及效果；回顾和总结有关政策、制度、规定的实施情况，并不断完善、改进、提高；回顾和总结授信项目审批决策过程，为提高决策质量提供指导和参考，为采取风险防范和控制措施提供依据。

后评价重点通常是项目和客户，通过这种事后跟踪尽职调查，了解客户的用款情况、项目的投资完成情况、客户的财务状况变化趋势等情况是否与贷前调查结果有较大的出入，是否出现威胁银行授信安全的实质性不利因素。以往国内银行存在"重贷轻管"的现象，即重视贷前调查工作，忽视贷后管理，对客户和项目缺乏及时和严格的事后跟踪监督，这通常是导致不良贷款产生的主要原因之一。所以后评价工作有助于银行及早发现风险因素，尽量避免授信损失，起到风险预警的作用。

4.3.3　信用风险专业化管理

巴塞尔银行监管委员会《有效银行监管的核心原则》认为，信用风险是指交易对象无力履约的风险，即债务人未能如期偿还其债务造成违约，而给经济主体带来的风险。债务人违约导致贷款和债券等资产丧失偿付能力从而造成了这类风险。不同的资产具有不同的违约风险，其中贷款的信用风险最大。影响信用风险的关键因素包括借款人的还款意愿和能力、资本实力、借款企业的经营环境、贷款类型（担保或抵押贷款）、商业贷款与其他行业贷款的比例关系、贷款时运用的信用标准等。

随着商业银行业务的逐渐多样化，不仅与传统贷款业务有关的信用风险仍然是商业银行的一项重要风险，而且贴现、同业拆放、证券包销、担保等业务中涉及的信用风险与或有信用风险更是商业银行应该关注的风险。

4.3.3.1　信用风险管理主体

信用风险管理应该依照上文提出的扁平化风险管理组织结构设

置相应的组织。董事会及其风险委员会制定信用风险管理战略和目标，高级管理层及其风险管理委员会和信贷业务专业委员会负责信贷政策制定和管理。风险管理部可设立单独的信用风险部，在总的政策制度框架范围内制定所辖范围内的更为具体的信贷政策和制度，同时负责超大额信贷项目的调查、评估、授信和审批。

总行信用风险管理的机构和人员应包括董事会、高级管理层、信贷业务模块、内部评级和评估部门、授信管理部门、信贷管理部门、信贷审查部门和资产保全部门。各业务模块的风险经理执行上级部门制定的风险管理政策和制度，负责权限内信贷项目的调查、评估、授信和审批。各业务模块的信贷业务经理负责开拓信贷市场，配合风险经理执行上级风险管理部门对信贷客户的评级以及信贷项目的评估、授信和审批等工作。

4.3.3.2 集中和专业化管理方式

传统的"部门银行"实行分级授权模式，授权的分散化和授权机构与人员缺乏风险管控能力，容易造成授信过度和风险失控。在整个信用风险管理流程中，信贷项目的贷审会审批制度、审贷分离制度以及授信和审批分离制度是控制业务风险流程的关键。业务模块化后，信用风险实行专业化管理。

传统分级授权模式，其好处是决策贴近市场，信息传递较快和管理效率较好，对客户反应迅速，但致命弱点是授信权力的分散化和授权机构与人员缺乏风险管理和内部控制能力，各级监管不到位，与客户跨地区、跨产品的经营模式不匹配，容易造成对客户的过度授信和风险失控。信息集中可以克服风险管理决策分散的缺点，人员的集中可以形成风险管理流程的专业化分工，为授信业务的审查与审批流程的集中化风险管理创造了条件。

国内外先进商业银行大多推行专家型的贷审会制度。完全由行长和信贷业务部门负责人参与讨论和投票，可能影响决策的效果，因为行长忙于事务性工作和行政管理工作，没有足够的时间、精力去研究和分析信贷报告，更无可能从事更多的信贷调研和信贷政策的研究。但是，如果贷审会充斥不懂信贷业务的投票人，其项目审批质量必然低下。因此，专业化信贷风险经理制度应运而生。这种制度下，贷审会由精通信贷政策和信贷业务风险管理的专家型团队组成，全面负责对信贷项目的审批和决策，这将大大提高决策效率和效果。

4.3.3.3　关键流程

信贷业务是我国商业银行信用风险的主要来源，信用风险管理应包括以下流程：信贷综合分析与管理、银行内部授权、客户评价、授信管理、项目评估、信贷审批、风险处置和风险监测与预警。

信贷综合分析与管理是指商业银行从全局和整体上确定本级行信用风险的水平、管理原则、信贷投放的规模和方向等，并对历史的、现有的众多信贷项目和信贷客户进行综合分析和总结。银行内部授权是指商业银行内部根据分支机构和业务部门的职责、经营规模和经营能力对其授予适当的权限，该流程由高级管理层负责。客户评价是商业银行运用内部统一的评价方法，对有信贷需求的客户一定经营时期内的偿债能力和信誉进行定量和定性分析，从而对客户的信用等级作出真实、客观、公正的综合评判，该流程由信用评级机构负责。授信管理是指商业银行依据客户的资信情况，通过对不同客户设定相应信用额度的方式来确定银行可以接受的风险程度，该流程由额度授信管理机构承担。

项目评估是指商业银行借助于一定的技术手段和专家咨询，通过对具体信贷项目的风险进行评估和预测，判断项目成功的可能性，该流程由信用评级机构负责。信贷审批是银行信贷投放的决策环节，决定具体信贷项目的投放与否，包括信贷的审查和批准。该流程由信贷审查机构负责审查，提供审查意见，由主审批人负责最后决策。

信用风险监测与预警是指商业银行对已发放的信贷项目的风险情况进行监测，并提供风险警告信息，该流程由信贷经营机构和信贷综合管理机构承担，经营机构负责贷后的实地跟踪检查，综合管理机构负责行业和区域分析。风险处置是指商业银行采取各种措施对已发生风险的信贷项目或不良资产进行风险规避、寻求风险补偿或资产保全。

信用风险管理的关键流程是授信管理流程。授信管理要覆盖前台各个信贷业务模块和各信贷风险管理主体，风险管理和内部控制的经营理念和方法要渗透到风险管理流程的各环节，企业资信和审批条件的调查、核实、初审和落实以及项目的风险识别与初评由前台业务模块的业务经理与风险管理执行主体委派的风险经理共同负责，授信条件的复审、风险的评估、额度的控制、项目的决策以及授信信息的传输与反馈由风险管理的执行主体办理。形成"端到端"的贷前调查、贷中调查和贷后检查三个环节紧密相连的完整流程，同时又可分割成独立的子流程，达到既要相互分离制约、监督执行，又要相互统一、协助配合的目的。

4.3.3.4 政策和程序

现行的信用风险管理政策还难以进行详细的规定和指导，因此在具体的实施过程中难以得到有效执行。管理水平的不足，使得各银行在经营过程中，难以充分发挥信用风险管理政策的监督管理作用。商业银行内部组织机构设置不合理、信息系统薄弱等因素也会造成信用风险政策不能得到有力的贯彻。

商业银行的信用风险管理政策和程序应与它的执行流程相匹配，包括内部授权、客户评价、授信管理、项目评估、信贷审批、风险处置、风险监测与预警以及风险报告政策。

4.3.3.5 风险管理方法和技术

从风险识别与评估、风险的转移和补偿的角度出发，结合风险管理组织和决策流程，信用风险管理流程应包括机构授权、风险评级、额度授信、违约概率测评、贷款分类、单项业务风险边际效应和银行资产组合整体风险的评估、压力测试、信用风险防范和转移等，并对各项决策功能中所需的信息需求和输出结果进行系统的分析，以监测风险、防范风险、控制风险，提高信贷资产质量。

专家系统、信用打分模型和内部评级方法在西方商业银行中都有较长的历史，各种现代风险计量模型已经与这些方法结合，并融入其中。现代内部评级法的难点是违约概率和违约损失概率的测算，中国商业银行目前内部数据积累仍不够，一定程度上导致了信用风险内部评级体系的弱化，今后应该着力完善这方面的工作。

4.3.4 市场风险集中化管理

巴塞尔银行监管委员会1996年颁布的《资本协议市场风险补充规定》将市场风险定义为，由于市场价格的变动，银行表内头寸和表外头寸会面临遭受损失的风险。中国银监会发布的《商业银行资本充足率管理办法》认为，市场风险包括交易账户中受利率影响的各类金融工具及股票所涉及的风险、全部的外汇风险和商品风险。市场风险主要是指由于市场条件（如利率、宏观经济指标、股市等）发生了变化，给银行未来收益带来的不确定性。利率风险、汇率风险、资本风险、流动性风险等都属于市场风险。

4.3.4.1 市场风险管理主体

市场风险管理主体的设计思想和信用风险管理一样，应该根据责权利进行分层管理。

董事会负责审批所有对银行的市场风险有影响的业务战略和政策，审查银行有关市场风险的整体目标；高级管理层负责确保市场风险管理政策的具体实施、市场风险日常管理部门人员的任用、对业务模块的授权；市场风险管理委员会负责制定市场风险管理的政策和目标，选择具体的风险规避方法，同时对各业务模块的具体操作进行指导，定期检查其执行情况和接受市场风险报告，以判断市场风险的程度；市场风险日常管理机构负责市场变化的预测，风险的识别、评估、计量、监测，当商业银行市场风险程度超过既定额度时，及时向高级管理层和市场风险管理委员会汇报，并负责实施委员会的决策，采取有效措施，调整银行市场风险头寸，尽量规避市场风险。

4.3.4.2　市场风险管理流程

中国商业银行对市场风险的管理流程包括市场风险战略制定、市场风险度量、市场风险控制和市场风险分析。

市场风险战略制定流程是指商业银行从全局和整体上确定全行市场风险管理原则和市场风险水平，设定全行市场风险的警戒限额。该流程由总行市场风险管理委员会制定，由董事会审批，并将相关政策传达至全行各级分支机构。市场风险度量是指商业银行根据市场的变动趋势以及本行各种市场敏感性产品的持有和拓展情况，测算市场波动对本行收益的影响，该流程由总行市场风险日常管理部门负责。

市场风险控制措施的制定与执行是指商业银行根据对市场风险的度量情况、产品的价格情况，研究并执行相关措施以规避或转移市场风险，包括内部市场调整、资产负债结构调整等措施。由总行市场风险管理委员会负责确定避险措施，由市场风险日常管理部门和各级行业务部门执行。市场风险分析是指商业银行根据市场的执行情况，分析市场波动对银行实际造成的影响，并定期撰写市场风险报告。该流程由市场风险日常管理部门负责执行，并向总行高级管理层和市场风险管理委员会汇报，重大措施报董事会审批。

4.3.4.3　集中化管理方式

市场风险主要由资金交易业务产生，所以要分离银行账簿和资金交易账簿。业务模块化后，由总行风险管理部门统一和集中管理市场风险，委派市场风险经理在资金交易部门实施日常风险控制。

市场风险来自利率风险、汇率风险、证券风险和商品价格风险，要正确计量商业银行为抵御市场风险而占用的经济资本，必须区分银行账簿和交易账簿。交易账簿包括为交易目的和规避其他项目风险而持有的金融工具和商品头寸，列入交易账簿的项目主要是为短期持有或出售已获取的利润。一般来讲，资金交易部门直接负责银行的资金交易操作，成为控制交易账簿下市场风险的绝对主力。而银行账簿是对交易账簿以外的项目进行管理，所承担的市场风险相对较小，一般由资产负债部负责。在市场经济中，商业银行应将两种账簿下的市场风险集中起来，统一由总行的风险管理部门来统筹管理，委派市场风险经理在资金交易部门控制市场风险，按照董事会和风险管理委员会确定的市场风险管理的战略目标，执行市场风险的政策与程序。

4.3.4.4　市场风险管理方法和技术

市场风险管理技术主要涉及利率风险管理技术，包括：通过利率风险的因素分析识别利率风险的表现形式；通过可获取的各类资产、负债相关数据对银行资产负债进行总体的缺口分析；综合市场走势及相关环境信息，进行资产负债现值评估；对利率变化后资产负债损益作出模拟分析和进行极端条件下的压力测试；支持使用抽样分布、参数法以及投资组合法等不同方法进行资产负债的风险量值（VaR）分析；提供对远期利率协议、利率期货、利率期权和利率互换等各种表外利率风险管理工具的定价，以及使用这些金融工具后的情景模拟分析。

中国商业银行实现了利率的局部市场化：金融机构的人民币存贷款利率仍由中央银行制定和调整，金融机构只可以自主决定在此基础上的浮动利率和内部资金往来利率。业务基础数据采集工作尚不成熟，银行业务利润主要依靠存贷款业务利差收入维持，中间业务发展还不充分，金融市场上的金融工具品种不能满足商业银行利率风险管理的需求。

在利率市场化程度还不高的前提下，首先应完善外币业务利率敏感性缺口分析、利率期限结构分析，完善银行外币业务利率风险管理技术体系。针对银行外币业务利率风险的识别与衡量，完善已有的期限缺口模型、久期缺口模型、敏感性分析等技术，开发并试用 VaR 技术、动态模拟模型等先进技术，以实现对外币利率风险的准确分析和度量。采用时间序列预测法、专家评价法、综合评价法、加权指标评分法以及利率衍生工具（远期利率协议、利率期货合约、利率期权合约、利率互换等）对外币利率风险进行控制和转移，提出银行资产外币利率结构调整方案。应用敏感性分析、压力测试、情景分析等技术，对外币业务利率风险进行日常监控和预警，根据其结果定期生成交易性外币利率风险分析报告。

4.3.5 操作风险全方位管理

根据巴塞尔银行监管委员会的定义，操作风险是指由不完善的内部程序及系统或外部事件所造成的风险。英国银行家协会认为操作风险是由于内部程序、人员、系统的不完善及失误，或外部事件造成直接或间接损失的风险。可见，操作风险主要是因为人的因素、技术因素、安全因素或操作程序等其他因素给银行经营带来的损失，如技术风险、会计风险和人的风险等。这种风险有别于信用风险和市场风险，它只能给银行带来纯粹的损失，而不能带来利润。

商业银行操作风险可能发生在前中后台的各个环节，应该结合内部流程控制，对渗透在产品、业务和 IT 系统内的操作风险进行管理、监控、报告和评估，实行流程化管理。与其他风险不同，操作风险常常伴随着银行信用风险、市场风险和流动性风险同时出现，在次序、时间和损失上难以分清属于哪类风险。另外，操作风险总是发生在业务流程的各个环节中，要识别存在于产品、业务、流程和 IT 系统内的操作风险，必须掌握与运用操作风险管理技术、模型与工具，通过对业务流程、管理流程和支持保障流程中的操作风险关键风险点的识别、评估和控制，根据信息系统提供的操作风险发生的历史数据和损失数据，进行操作风险的科学度量。

操作风险应与内部控制中的流程控制相结合。内部控制体系是对所有风险进行防范和控制的基础，其中操作风险控制是防范其他风险的基础。要系统识别和评估所有环节中的操作风险，有针对性地控制。与信用风险和市场风险主要存在于前台业务流程不同，操作风险分布在不同领域，渗透在不同流程中，中台和后台的操作风险也较为突出。另外操作风险是纯负面的，银行应该规避和控制。由于操作风险的分散性和负面效应，操作风险必须由高级管理层统一进行流程化控制。

4.3.5.1 操作风险管理主体

操作风险管理流程必须在各级风险管理主体中严格执行。董事会应以操作风险的战略决策制定和管理为主，制定重大政策（包括内控制度），同时负责高级管理层的任命和对操作风险的总体控制。

风险管理部负责协调高级管理层有效管理各种操作风险及合规风险，制定并落实各项风险流程化管理政策和措施。业务模块和管理模块既是产生操作风险的直接部门，也是控制操作风险的直接部门。这两个模块的职责是配合操作风险管理部门，通过正确掌握各项内控制度、提高业务技能，从而减少操作失误，避免银行损失。中台和后台本身也存在操作风险，因此风险管理架构中的支持模块作用更加凸显，这些模块要支持风险管理部门对模块本身的操作风险进行管理。

风险管理部设操作风险岗，具体负责同级各部门操作风险控制和管理，并及时将风险状况按照风险管理报告机制向风险管理总部报告，检查各职能部门本身的操作风险管理流程和政策执行情况，并及时向风险管理总部负责人报告。

各业务条线和职能部门内设操作风险管理岗，负责日常操作风险的监控、评估和报告；建立及维护与操作风险管理政策一致的操作流程；具体负责制定本部门及系统内具体的操作风险政策，确保这些政策在本部门内得到正确、有效执行；按要求识别、衡量、监督、控制和评价自身的操作风险情况，定期报告风险管理执行情况；

负责收集数据和各类工具的具体实施，及时、准确地按照风险管理报告机制向同级风险管理部报告风险状况。

4.3.5.2 关键流程

操作风险流程主要包括综合管理流程、监控流程、报告流程和度量流程。

综合管理流程统领其他三大流程，着重识别银行财务损失、安全事故损失和涉案事件损失等关键风险。其中，各主要流程包括细分的各子流程。在管理流程中，会计和前台业务面临的操作风险突出，主要表现为部分领导及会计人员风险意识淡薄，管理监督松懈，有章不循，违章操作等。主要的会计管理流程有会计业务授权流程、会计对账流程、重要凭证和物品管理流程、会计印章流程、事后监督流程、系统内往来清算流程、金库管理流程、单位账户管理流程、支付结算管理流程、授权会计核算流程和会计档案管理流程等。

监控流程是总行风险管理部门和地区总部风险管理部门监控全行整体操作风险管理的流程，包括突发事件的处置应变流程、各分支机构案件与违规事件处置流程、牵头定期组织对各业务部门的分支机构操作风险管理评价流程，派驻风险经理履行操作风险间接管理职能的流程、对业务范围内操作风险及损失事件进行持续监控流程等。

报告流程是指矩阵式的纵横结合的垂直报告流程，包括对人员、工作流程、IT 系统以及外部事件四种因素造成损失的报告，监管部门和外部审计的整改方案的报告，各业务模块和分支机构操作风险控制情况的报告和操作风险管理的责任追究报告等。

度量流程是指通过管理信息系统收集历史与当前操作风险损失数据，应用模型和技术，对操作风险进行衡量的流程，确定银行经济资本和监管资本的有效性。

4.3.5.3 操作风险管理方法和技术

操作风险尚缺乏统一的度量和评估技术，现阶段应该借鉴历史经验，分类管理，逐步过渡到按《巴塞尔新资本协议》的要求进行管理。

　　从历史来看，中国商业银行操作风险集中在外部欺诈、工作场所安全、IT 系统风险和流程等几个方面。应该完善损失事件统计制度，将案件排查、标准化审计工作作为经常性的工作纳入风险管理范围，加强风险的识别、监测和预警功能。同时，要通过安全评级、加密和信息安全预警等方法提高 IT 系统风险掌控能力。

　　《巴塞尔新资本协议》以风险资本作为操作风险的衡量标准，以风险资本底线作为评价标准，操作风险衡量方法是在信用风险和市场风险的衡量方法的基础上开发的风险度量和评估技术，以实现对商业银行经营过程中的操作风险的识别和控制。

5

基于流程的商业银行后台
综合管理与价值保障

国际银行业后台部门设置的大趋势是将规范性的业务进行集约化操作而实现规模效益，提高竞争能力。后台主要进行战略决策和产品及服务的信息技术处理，包括价值预算、绩效考核、人力资源管理、企业文化建设等，并对前中台进行综合管理。本章主要从实务的角度，重点研究商业银行的价值预算、绩效考评和信息的集中管理。

面向前台业务模块化的价值预算，是商业银行价值管理中资源配置的重要工具；面向前台业务模块化的绩效考评是对商业银行价值管理成果的检验，并为价值预算提供决策依据；面向流程的信息集中管理服务于商业银行价值管理的全过程。由于前台业务的模块化，管理环节的减少，组织机构的扁平化，价值预算、绩效考核和信息化服务也发生了相应的改变，使得后台集中管理效率提高，能够更好地将战略意图从后台传达到中前台，并为中前台提供有力的支持保障。

5.1 业务流程模块化的价值预算

5.1.1 传统预算与模块化预算

价值预算是商业银行后台管理中不可或缺的重要手段,但在传统科层式的组织架构下存在固有的缺陷,模块化的业务流程使这种传统预算中固有的缺陷迎刃而解,如表 5.1 所示。

表 5.1   传统预算与模块化预算对比表

	传统预算	模块化预算
预算质量	信息不对称,造成资源配置的不合理	道德风险相对较小,编制的预算相对比较切合实际
资源配置	资源向管理层倾斜,一线的资源偏紧	各模块的责任与权力紧密结合,配置较合理
编制效率	较低	

资料来源:严复海,宋玉. 企业流程网络型组织结构下预算组织体系的重构 [J]. 经济与管理研究,2004 (6):242~244。

5.1.1.1 传统预算评述

传统的银行预算模式实行以分支行为责任主体的分级预算管理体制,即将银行的经营管理目标和责任按照总行、分行、支行的层次分解落实。分级预算模式有利于各级行在上级行下达的预算框架内结合自身业务发展战略配置各类资源,并在年度中根据情况的变化进行动态调整,充分体现了不同层级上资源配置权力和责任的结合,适应了分支行所处的不同经营环境。分级预算虽然能对各级行的全年工作起到指导作用,但仍存在不少局限:

(1)存在严重的信息不对称,造成资源配置的不合理,缺乏公平性、公正性、科学性,从而使得有限的资源不能发挥最大效益。

分级预算体制下，预算工作主要由财务部门来承担，而各业务部门的参与度不高。财务部门因远离市场，编制的预算有可能偏离业务发展的实际，而上级行财务部门对下级机构各项业务的信息掌握得更加不充分、细致，从而影响预算的精确性。由于下级机构掌握了比较充分、细致的信息，又有配置和整合资源的权力，逐利的动机驱使下级行力争从上级行那里争取到尽可能多的资源，谋取本集体的最大利益。

（2）分级预算易造成资源向管理层倾斜，造成一线的资源偏紧，从而影响全行业务的发展。分级预算由各级行层层汇总上报，经总行汇总统一平衡后再层层下达，在层层分解下达过程中，各级行往往先充分考虑本级的需要，在资源十分有限的情况下，越到下级分到的人均资源量越少，甚至不足以支持业务的良性发展。

（3）分级预算的效率低下，整个预算过程一般历时半年之久。国有商业银行的组织机构庞大，纵向机构大多达到4级，涉及的业务广，变数又较大，每级的预算均需较长时间完成，上级汇总平衡的难度高，所需的时间长，影响了分级预算的效率。

5.1.1.2 模块化预算评述

模块化预算管理是以前台业务模块为基础、以客户为导向的管理方式。价值预算非常注重非财务目标的确立，使银行着眼于经营过程的综合改进和整体流程增值，为实现商业银行价值增值的流程与模块分配合理的资源。财务预算只是整个预算内容的一部分，而更能反映市场价值和经济价值的以 EVA 为主导的综合预算是预算的重点内容。基于前台模块化的价值预算，在组织设计上遵从"战略—经营—作业"三个层次，实现资源配置集中管理，其优点在于：

（1）道德风险相对较小，编制的预算相对比较切合实际。在分级预算模式下，分支行由于具有配置和整合资源的权力，便有可能利用这种权力服务某种特定目的，而非全行的整体目标，产生道德风险。而实行模块预算后，总行各业务模块由于对本模块的业务信息掌握得比较充分、详细，相对于财务部门来说更贴近市场，更了解市场，真正懂得业务发展的真实需要，因而编制的预算比较切合实际。而且，总行模块与模块之间、上下级模块之间、下级模块与其他模块之间有着复杂的制约关系，使得编制预算的透明度较高，进而形成道德风险的可能性大为减少。这样得到的预算比较科学，资源得到合理配置，从而发挥最大效用。

（2）模块预算使总行各模块的责任与权力紧密结合。分级预算是以各级行的财务部门为主进行的，而模块预算是以各业务模块为主、其他模块共同参与、最后由财务部门汇总平衡而编制的。预算编制的广泛性、参与性大为增强，各模块的责任得到强化，改变了分级预算体制下总行各模块有权有利而责任淡化的现象，真正实现了责权利的结合。

（3）编制预算的效率较高。由于总行各模块掌握的信息比较充分、细致（已实现数据大集中的银行更是如此），因此预算的编制不一定从最基层的相关业务模块开始层层编制上报，而是可以在总分行两级的相关模块编制，然后平衡汇总整个模块的预算，再报送财务部门统一平衡汇总，最后由总行各模块分解落实到下级行的相关模块。这一过程相对于分级预算耗时要短得多，各模块协同统一配置资源，减少了上下级行之间的扯皮现象，提高了预算编制的效率，并且可以发挥总行的统率作用[107]。

5.1.2　商业银行价值预算的基本方法

价值预算管理效率的高低和质量的好坏在一定程度上取决于所采用的预算方法，银行采取的方法大致可分为以资产负债为主导、以财务为主导和以现金流为主导三种。许多银行在预算管理过程中逐渐认识到，为了实现利润目标，预算中仅仅关注利润或收入、成本指标是不够的，必须把预算管理关注的重点从经营结果（利润预算）延伸到经营过程（业务预算和资金预算），并扩展到经营质量

（资产负债预算、现金流预算和财务预算），真正实现价值最大化的目标。因此，在三种方法中，商业银行应以财务预算中的 EVA 导向的综合预算为主，以其他方法为有益的补充。

5.1.2.1 以资产负债为主导的价值预算

以资产负债为主导的价值预算是指在预算的编制和执行中，以资产负债为主要内容，并通过资产负债项目约束和制衡风险项目的预算。以资产负债为主导的价值预算模式也存在多种方式，常见的有规模、比例、缺口和经济资本预算。

（1）资产负债规模预算

资产负债规模预算以存款增量、贷款增量的计划为主要内容，同时增加了拆入与拆出资金、同业存放与存放同业、发行债券与各种投资、负债总额与资产总额等内容。随着价值观念的逐步深入，资产负债规模预算逐渐改变了过去以外延发展为主的预算模式，相应增加了一些价值约束因素。一般考虑以下内容：本外币信贷增量的价值约束、贷款累放的价值约束、表外业务的价值约束以及资金营运的价值约束。

本外币信贷增量的价值约束包括价格约束、成本约束、收益约束、不良贷款约束、风险拨备约束等；贷款累放的价值约束为与本外币信贷增量计划相对应的各项指标的全年累放额计划的约束；表外业务的价值约束包括风险敞口约束、垫付率约束、市场风险约束等；资金营运的价值约束包括现金备付率约束、风险敞口约束、利率风险约束等。

（2）资产负债比例预算

比例管理是银行资产负债管理最常见的方式之一。多数国家商业银行的资产负债比例管理主要以国家金融管理当局规定的各项资产负债比例为重要依据。通过比例管理进行资产负债的价值预算，常用的指标包括资本充足率、存贷款比例、中长期贷款比例、资产流动性比例、单个贷款比例、贷款质量。其他重要指标还包括备付金比例、拆借资金比例、国际商业借款、境外资金运用比例。同样，比例预算也有相对应的价值约束。

（3）资产负债缺口预算

商业银行资产负债缺口预算，是通过资产负债综合管理中的缺口管理和利差管理进行的，主要分为资产负债流动性缺口预算和资产负债利差预算。

资产负债流动性缺口预算，就是根据预期的存贷款增长水平，估算一定时期资产与负债之间的流动性差额，并把差额控制在合理水平内的业务预算。进行资产负债流动性缺口预算，必须重新划分资产和负债。重新划分后的资产为流动性资产和非流动性资产，重新划分后的负债为易变性负债和稳定性负债，据此计量资产和负债的流动性差额，这个差额就是缺口，差额的顺差越大，流动性越强。当预算期内存贷款的预期增长水平确定后，必须计量需要调整的流动性需求，并根据预算期存贷增长的价值约束调整流动性需求，把流动性缺口控制在合理水平内。

资产负债利差预算是以控制存款利息与贷款利息缺口为目标的业务预算。商业银行控制存贷利差的手段主要有：通过期限结构控制利差、通过利率结构控制利差和通过慎重确定风险与收益的互换控制利差。资产负债利差预算需要在对利差作出预算安排的同时，对期限结构、利率结构、风险配比作出预算安排。利差管理原本就是价值管理的主要内容和重要工具，通过利差管理进行价值预算时，也需充分考虑价值约束。利差预算中的价值约束形式也有很多，如单位价格、单位成本、单位收益、贷款回收率、收息率、风险拨备率。因利差管理与缺口管理等其他资产负债管理的本质完全相同，内容基本相似，只是方式略有差异，所以利差管理的价值约束与其他资产负债管理的价值约束基本相同。

（4）经济资本预算

经济资本预算是资本充足率控制计划在系统内部的分解，其原理是根据资本充足率控制计划核定各年度的经济资本总量，控制各分支机构以及全行的风险加权资产增长速度。经济资本预算既可以分为整体预算和分项预算，又可以分为时点预算和增量预算。整体预算一般是针对分支机构经济资本总量下的核算，分项预算是分别对信用风险占用资本、市场风险占用资本、道德风险占用资本以及资产负债风险占用资本的预算。时点预算一般表现为上限预算，即分支机构任何时点的经济资本总量都不超过某一限额；增量预算是对分支机构的经济资本增量配置计划，类似于贷款增量计划，也是一个上限预算。

经济资本预算不是完全孤立的，它是以资产负债为主导的价值预算的延续发展，与资产负债规模预算有着密不可分的关系，它既来源于资产负债三种基本预算，又作用于资产负债三种基本预算。经济资本预算是以分支机构对资产负债基本预算进行预测形成的业务参数为起点，将经济资本分配系数转换为经济资本需求，与资本充足率控制计划提供的经济资本供给相平衡后，确定经济资本计划总量，再根据一定的分配原则将经济资本向各级机构、业务部门和模块进行配置。分配原则是以效率为主、兼顾公平，将经济资本回报率作为分配的基本依据，对回报率高的机构适当调增计划，鼓励业务发展，对回报率低的机构适当调减计划，限制业务发展。

从总量控制、结构调整的功能看，经济资本属于风险限额，目的在于控制风险加权资产总量，以分支机构控制为主，分支机构可以参照经济资本分配系数，结合当地的市场环境确定可行的资产组合。由于通过经济资本核算已实现了对风险加权资产总量控制的目标，因此，可适当淡化原有资产负债计划的约束力，除对住房开发贷款等高风险品种设定专项控制计划外，其他的业务发展计划均可作为指导性计划，目的在于指导业务营销，引导结构调整。

从管理方式看，经济资本和资产负债预算都有存在的必要性，但分工会各有侧重，总量控制最好以经济资本核算为主，而结构调整除要发挥经济资本分配系数的引导作用外，还要适当保留一些资产负债预算。

5.1.2.2　以现金流为主导的价值预算

现金流预算是指银行为了达到价值最大化的目标，通过预测、决策、预算、控制、报告和分析的手段对筹资、投资和经营活动的现金流入、流出的时间和数量进行的一种全面的、系统的预算活动。现金流预算既是价值预算的直接体现，又是价值预算的重要组成部分。现金流预算的重要性体现在以下三点：

（1）现金流预算能够体现银行价值最大化的经营目标。银行股东关心的是银行的经营活动是否给其带来了可用的资金，希望能用这些资金在未来扩大经营。这个可用的资金就是现金流，因此银行价值可以表示为今后无限持续经营期间每年的预期现金流量的现值。

（2）现金流能够体现银行的发展潜力。传统的基于财务会计的预算，关注的是利润总量以及有可能产生的成果总量，计量方法容易被人为操纵。而现金流控制关注的是可用的现金流以及经营活动对未来的影响，可反映银行总体的支付能力，股权现金流量可以真实反映银行实际支付能力，是银行发展潜力的综合体现。

（3）现金流能够体现银行的全过程管理。现代财务管理已不仅是事后的账务处理和报表分析，更重要的是事前全面的资金预算和决策支持、事中的监督控制、事后的总结和调整。传统的财务会计上的损益表只描述了资金循环的一个环节，即银行的经营成果的实现环节。而现金流随着业务流程贯穿银行的每一个环节，现金流预算能够更全面地反映银行未来的资金需求。

5.1.2.3　以财务为主导的价值预算

由于财务数据是银行业绩最直观的反映途径，是投资者最关心的数据，所以，以财务收支为价值预算的主导，是价值预算中最重要、最易普及的方式。在新的价值预算体系下，财务预算作为财务决策的基础，也需要不断创新和完善。需要围绕银行经营战略，运用科学的预测方法，对一定时期内银行经营活动所需要的资金及其来源、各项财务收支、经营成果及其分配等进行科学准确的估计，有重点地把握关键价值驱动因素的变化。

（1）以成本为主导的价值预算

商业银行的成本费用是指其在业务经营过程中所耗费的人力资源和物质资源的货币表现，即商业银行在经营过程中发生的与业务经营有关的各项支出的总称。以成本为主导的价值预算是银行在经营活动过程中，对构成影响成本的各种主要价值因素加以调节，在费用耗费过程中，将实际发生的耗费价格控制在预算标准范围内，随时揭示差异并及时反馈，较好地实现预期成本费用目标，达到理想的价值实现标准。

以成本为主导的价值预算中最能体现价值因素的就是结构权数调节。所谓结构权数，是指选择主要的成本项目，依取得项目的重要程度，设定不同的价值权数。主要成本项目是指在成本总额中占比较大的项目、比较敏感的项目、对其他成本项目有连带效应的项目，项目越敏感，影响程度越大，价值权数越大。

（2）以利润为主导的价值预算

以利润为主导的预算管理的主要目标为寻求扩大收益来源和减少成本支出。利润预算与成本预算最大的区别为是否关注银行的收益预算。在商业银行预算管理中，收益预算包括营业收入、投资收益和营业外收入。以利润作为预算管理的目标，不仅要求银行追求收益最高、成本最低，而且还要求银行尽可能减少资本投入。

利润预算的价值约束包括价值权数调节和风险权数调节。价值权数调节与成本预算类似，通过对银行各项收益的价值含量的衡量和比较，将有限的资源投入到价值含量更高的业务中。收益预算中的价值权数包括模块结构权数和收益区域权数。模块结构权数的设定原则是：凡是单位价值贡献大的模块，其价值权数大于1，反之小于1。收益区域权数的设定原则是：凡是单位价值贡献大的分行，其价值权数大于1，反之小于1。风险权数调节是在预算中考虑风险价值的因素，对预期损失和非预期损失进行调节。

（3）以 EVA 为主导的综合预算

由于 EVA 在价值管理理论中的核心地位，以 EVA 为主导的价值预算也在预算管理体系中占有重要的地位，也是目前最为全面的预算。EVA 兼顾了财务风险和长远利益，有助于实现银行的可持续发展。同时，EVA 将银行整体经营目标分解至银行内部基本单位，易于理解和接受。在一定条件下，可在任何时间计算银行或某一模块所创造的 EVA。以 EVA 为核心的预算体系将是银行未来发展的必然方向。

以 EVA 为核心的综合预算的模型（见图5.1）包括七个步骤：

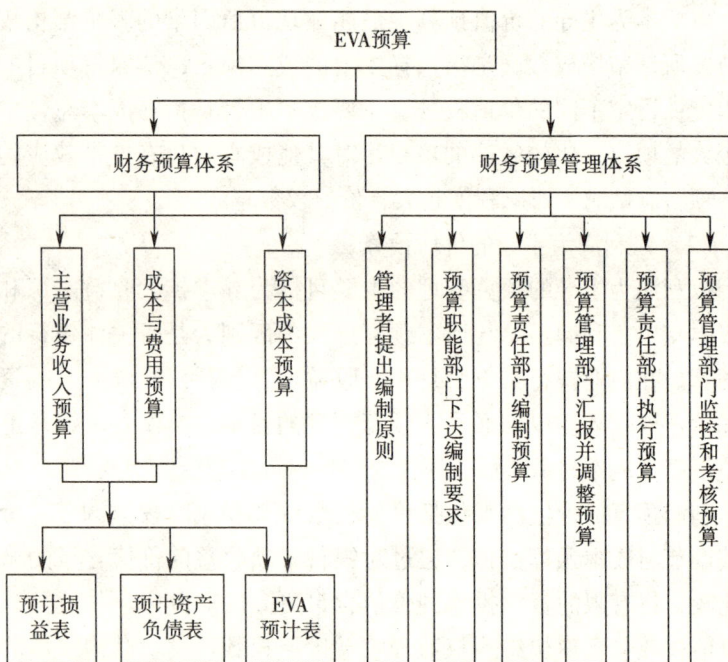

图5.1　以 EVA 为核心的预算体系模型

一是确定计划期的 EVA 预期值；二是分解 EVA 指标；三是确定计划期的收入预期值；四是确定计划期的费用预期值；五是确定计划期的资金成本预期值；六是编制财务预算；七是编制预计利润表、预计资产负债表和预计 EVA 表。

5.1.3　基于业务流程模块化的预算模式

因流程再造而重新设计的银行组织结构，必然使在传统等级制和职能结构中有效的管理制度和方法失去效力。预算管理作为一种内在机制性的管理手段，如何在新的组织结构下发挥计划、协调、控制、激励、评价的功能，是商业银行需要解决的一个问题。

以流程为导向、以模块为基本单位来构建新的价值预算模式，是在新形势下充分发挥预算管理的职能，推动价值预算管理不断发展的客观必然结果。基于模块化的价值预算模式设计包括两部分内容：一是价值预算的组织设计；二是价值预算的模型设计。

5.1.3.1　业务流程模块化的预算架构整合

本书所涉及预算组织的重构包括以下两方面：

（1）预算组织、预算编制流程和业务模块的统一。传统的全面预算管理在既定组织架构内研究资源流动的效率，忽视了组织结构本身也是增进企业效率的变量，而没能更多地关注流程和作业的合理性。在国内许多银行中，预算组织和预算编制流程及业务模块是各自独立的，不少部门和分行只顾完成其各自的预算目标，几乎顾不得其他部门和分行的事务，从而使公司战略目标的实施难以做到上下一致。

因此，在价值预算管理中首先必须使预算组织、预算编制流程和业务模块结合起来，形成一个统一的系统，促进而不是阻碍战略目标的实施。这种统一一方面是通过业务流程再造、重构的银行组织结构来实现，另一方面需要银行的经理人转变固有的思维定式——从极力完成各自预算目标的个人方式，转变为集中精力实现战略目标的团队方式。

（2）预算执行组织的整合和预算责任中心的建立。预算执行组织是预算的执行主体，预算执行组织设立是否合理科学，是事关整个预算体系成败的关键。预算执行组织是依据银行业务流程模块化的架构生成的。预算责任流程中的组成成员称责任中心，它是组织内具有一定权限并能够承担经济责任的内部单位。每一个子模块都会对应一个责任中心。无论预算执行组织如何设置，在预算责任目标下，根据各责任中心的权责范围，预算责任流程可归结为三个层次：投资中心、利润中心和成本费用中心。

传统预算执行组织设计中，投资中心是最高层次预算责任单位，它是需要对投资效果负责的责任中心，担负着整个公司的战略规划和战略管理。投资中心既要对收入、成本、利润预算负责，而且还必须对其投资利润率或资产利润率预算负责，因此只有具备经营决策权和投资决策权的独立经营单位才能成为投资中心。

利润中心属于中层预算责任单位，是需对成本、费用、收入负责最终对利润预算负责的责任单位。能否成为利润中心的衡量标准是该单位有无收入及利润，凡是能够获得收入、形成利润的责任单位均可作为利润中心。根据收入、利润的形成方式不同，利润中心又可进一步划分为"自然"利润中心和"人为"利润中心。前者是指能够自然形成销售收入，从而形成利润的责任单位，通常是指独立核算的分行、网点；后者是指不直接对外销售，而是通过内部转移价格结算形成收入，从而形成内部收入的责任单位。

成本费用中心是最低层次的预算责任单位，它是指仅具有一定成本费用控制权，因而只能对其可控成本费用预算负责的责任单位。凡是不能形成收入，只对成本或费用负有一定责任的单位或个人，比如各职能部门和各具体作业中心均可作为一个成本费用中心。

银行的业务流程在简化为"后台—中台—前台"三级后，同时必须重新规划预算执行组织中的责任中心。根据各层级的权责不同，在新的组织结构中，把后台战略层界定为成本中心，由前台业务模块构成的经营层和作业层为各个利润中心，投资中心整合到利润中心当中。

由于后台是为前台提供支持保障服务的，并不产生利润，因此应将后台战略层作为成本中心。作为成本中心的战略层是最高层次的预算责任单位，担负着整个银行的战略规划和战略管理。战略层的预算管理职能虽然重要但相对简单，就是依据银行战略提出预算总目标，即将战略意图量化为可分解、可操作和可衡量的关键指标，并设定应达到的标准；同时，审核、批准经营层和作业层的流程预算和作业预算，保证银行战略目标的一致性。

原预算执行组织中的投资中心由于和客户联系十分紧密，应整合到利润中心当中。利润中心是由多个子模块构成的经营层和作业层。经营层利润中心的预算内容是在与企业战略定位、战略计划和战略目标保持一致的前提下，以流程中心为模块进行分权、确定目标、衡量绩效、实施奖惩。其预算内容是依据战略层的预算总目标建立具有战略导向的各个流程的预算目标体系，这个目标体系不再是相互脱节的孤立标准，而是能够体现最终目标——企业价值最大化的多维指标体系，并据此进行预算控制和最终评价考核。这种具有战略导向的预算目标体系除了包含传统利润中心以资产利润率、销售利润率、经济增加值等为主的财务指标，还必须包含体现企业战略目标的顾客满意度、员工忠诚度、市场份额、产品质量等非财务指标。作业层利润中心的预算内容主要是对作业标准的确定和依据标准对作业过程的控制和评价。

与传统组织中的成本中心相比，模块化的作业层利润中心具有两个明显的变化：一是利润中心成员的构成，不再由某个部门的员工而是由散落在许多部门的同一流程上的员工构成，可能更多是在一种虚拟的组织内对可控范围内的作业负责；二是由于作业层次的技术性特征明显，作业标准的设定往往更多地采用非财务指标[108]。

5.1.3.2　业务流程模块化的预算流程再造

价值预算管理的模型是一个相对独立的程序，并不会因为组织结构的变动产生太多的变化。一个完整的预算管理模型应该由编制、执行、计量、分析、报告、激励、鉴证（内部审计）和信息技术支持八个子模块组成。每个步骤都包括技术、组织、行为和环境四个层面。编制模块，首先是编制预算，着重解决两个问题：

一是管理层应将来自股东和市场的压力传递到各层级、各单位和各前台模块。

二是将战略转化为可操作的预算指标；执行模块重点将预算目标变成现实过程；计量模块反映预算执行的进度和结果；分析模块是确定和分解差异、寻找差异原因和追溯差异责任；报告模块则是以简捷、经常的方式将预算执行的进度、结构及分析结论反馈给管理层；激励模块是预算执行的原动力；鉴证模块确保预算管理系统中传递的数据真实完整；信息技术支持模块保证预算信息处理的及时性和便利管理层解读、利用预算信息。

子模块间的分解与集中，满足了商业银行价值预算的功能需要。编制、执行、计量、分析、报告子模块形成完整的预算管理循环：从管理层出发，又回到管理层；激励、鉴证和信息技术支持子模块则是预算管理系统运行的条件[109]。

5.2　业务流程模块化的绩效考评

5.2.1　传统绩效考评与模块化绩效考评

业务流程的模块化，也给绩效考评带来了巨大的变革，使得许多传统绩效考评的模式不再适用，但是对于解决传统绩效考评中暴露出来的问题也是一个契机，模块化为中国银行业的绩效考评提供了新的思路。通过对比可以发现模块化绩效考评的优势所在，如表5.2所示。

表5.2   传统绩效考评与模块化绩效考评对比表

	传统绩效考评	模块化绩效考评
考评指标	结果驱动，忽视价值创造过程	增加非财务指标，使绩效考评的内容覆盖价值创造的所有关键动因
EVA 应用	政策导向影响价值衡量，风险考虑不足，纵向考核	价值衡量标准化，全面反映风险成本，多维考核
战略与预算	相互脱节	有效协调
考评实施	政出多门	统筹整合

资料来源：柴建尧．我国商业银行绩效考核创新［J］．浙江金融，2007（6）：20 ~ 21。

5.2.1.1 传统绩效考评

传统的绩效评价主要基于总分行的管理架构，评价对象往往是机构、客户和员工，对部门以及模块的考评没有涉及，同时还存在以下缺点：

（1）过于偏重价值结果，忽视价值创造过程。目前，中国商业银行所实施的价值管理尚处于概念引入阶段，其绩效考核改革主要集中在价值结果指标的完善上，用经济增加值指标代替了会计利润在绩效考核中的核心地位，但缺陷是过分强调以结果驱动过程，忽视了价值创造过程，缺乏有关顾客服务、内部流程等前瞻性的价值驱动指标，不能将价值管理向整个组织内部横向和纵向渗透。

（2）经济增加值指标在设计和使用上存在缺陷。一是过多的政策导向与价值衡量功能存在冲突。各银行在经济增加值指标设计中往往充分考虑了当前经营的重点，带有很多的政策导向，这虽然有利于银行关键政策得以落实，但却在很大程度上损害了指标的衡量效果，不能作为银行价值的判断工具，从而不能作为诸如投资计划等经营决策的标准。二是大多数银行在计算经济资本时还只是考虑信贷风险，没有纳入市场风险和操作风险，从而不能全面反映银行的风险成本。三是使用范围窄，功能较为单一。目前，主要集中于纵向考核，缺乏分部门、分客户的考核。另外，在诸如投资决策等日常经营决策中没有将其作为主要标准。

（3）绩效考核、战略规划、计划预算不协调。目前，国内大多数商业银行的上述三者之间缺乏有效整合，主要表现是：第一，战略规划与年度计划预算往往是两个独立的流程，资源配置机制支持的是预算中的短期财务目标，而不支持战略目标，预算妨碍了战略目标的实现。为了制定战略，银行高管人员每年专门用几天的时间进行战略规划，通常这种规划接下来将在高管人员的书架上放上12个月。与此同时，财务人员执行一个单独的资源分配和预算程序，为下一年度的收入、支出、利润和投资设定财务目标，所拟订预算中的财务计划与战略规划没有关系。第二，绩效考核指标过于强调财务指标，缺乏关键的驱动性指标。由于财务指标的滞后性和综合性，战略在组织内的分解变得困难，从而严重妨碍了战略的有效实施。

（4）绩效考核制度政出多门，缺乏整合。中国商业银行绩效考核种类繁多，从考核对象看，分为机构考核、部门考核、行长考核和员工考核；从资源配置角度看，分为与工资性费用、业务费用、机构资源、信贷资源和经济资本资源等相关的考核。目前，很少有银行按照统一的思路并安排专门的部门对绩效考核进行设计和整合，往往是不同的考核制度由不同的部门制定，相互之间冲突和重复的情形大量存在。这一方面导致银行的各种资源没有得到有效的整合和利用；另一方面使得下级行疲于应付众多的考核任务，占用了管理人员大量的精力和时间，降低了对于经营重点的关注度和对外部环境变化的敏锐度。

5.2.1.2 模块化绩效考评

模块化的绩效考评以业务流程为主线，增加了模块和部门的考评维度，能够更好地为中前台的管理提供价值保障，主要优点在于：

（1）模块化的绩效考评增加了具有战略性质的非财务指标，使绩效考核的内容覆盖价值创造的所有关键动因。模块的设计就是整合以客户为中心的业务流程，因此在顾客服务、内部流程以及员工成长三个方面选择指标，作为财务指标的驱动性指标，从而实现银行短期利益和长期利益、结果性指标和过程性指标、内部和外部利益相关者之间的平衡。

（2）模块化的绩效考评完善了经济增加值指标。具体而言，一是在指标设计上，减少了不必要的调整事项，以使经济增加值指标能够准确衡量银行价值创造，从而正确引导经营决策，体现了模块化中"标准化"的思想；二是通过建立经济资本分析和数据处理平台，逐步将市场风险和操作风险纳入了经济资本管理当中，使经济增加值指标能够全面反映风险成本；三是将经济增加值的应用范围进行横向拓展，涵盖主要模块。

（3）模块化的绩效考评有效协调了战略规划、财务预算和绩效考核的关系。模块化的绩效考评通过设置一系列非财务指标，建立市场、客户、员工以及内部管理等潜在因素与财务业绩之间的内在联系，使各级机构和个人能够与银行的战略目标保持一致；把每个模块的战略分解为规划期内各年度的经营发展目标，并进一步分解为子模块或岗位工作目标，使最高层的战略能够落实到最基层单元，从而使管理层可以清晰了解并选择战略进程，避免路径损失；模块化的价值预算为绩效考评提供了数据保障，模块化的绩效考评为价值预算的激励提供了决策支持，模块化的价值预算和绩效考评相配套，使得资源配置和激励约束更加统一。

（4）模块化的绩效考评简化了纷繁复杂的考评程序。模块化的流程和组织架构设计，使得银行的治理架构趋于扁平化，各种不同功能的子模块有机的结合使整个银行的绩效考核体系得以整合，各项资源配置得到优化。可以通过成立专门的绩效考核委员会，统筹规划全行绩效考核工作，在一套完整的绩效考核体系指导下，将绩效考核制度纵向或横向"渗透"到每个流程环节[110]。

5.2.2　商业银行绩效考评的方法

5.2.2.1　以市场价值为导向的绩效考评

以市场价值为导向的绩效考评主要是针对银行整体的评价，更多地表现为一种外部评价。市场价值评价长期以来一直是证券行业和其他金融服务行业价值管理的有机组成部分。市场价值评价的意义在于能够更为准确地得到银行资本价值和真实价值；通过分析市场价值评价结果的变化，可以对管理者的经营业绩作出较为客观的评价；市场价值的评价可以使银行更关注于影响市场表现的长远价值行为，避免只注重账面盈利的行为。

具体的评价方法可分为基于资本市场的评价方法和基于资产负债的评价方法。基于资本市场的评价方法，是指银行的市场价值主要由其在股票市场上的价格所决定。而银行的股票价格主要由股票回报决定，银行股票的预期回报应该等于无风险回报与风险溢价之和。预期回报也是未来一定时期的平均回报，因为股价会由于种种原因走高或走低，回报也就可能高低变动。基于资产负债的评价方法，是指银行的市场价值等于银行各项资产的市场价值之和减去各项负债的市场价值之和。这种方法原理简单，但涉及面广，计算复杂，更多用于非上市公司。

5.2.2.2　以风险价值为导向的绩效考评

以风险价值导向的绩效考评主要是指银行在评价其盈利情况时，还必须考虑其盈利是在承担多大的风险的基础上获得的，银行要实现价值最大化的目标，必须加强对能为银行带来价值的风险因素的管理，因为银行的价值是价值动因在整个风险系统的作用下对银行价值贡献的结果。

　　银行需要正确估计和计量风险，在对各种可能结果进行分析的基础上，趋利防弊，以求以最小的风险谋求最大的收益。风险价值导向的绩效考评也是衡量风险管理成果的手段之一，毕竟风险管理的最终落脚点是实现银行价值最大化，只有结合绩效考评，才能对风险管理实施的有效性进行判断，并对风险管理方法的选择提供可计量的依据。

　　在目前银行业使用的各种风险价值评价方法中，主要有四种计量方法：一是全面风险计量（显性和隐性的信用风险、市场风险、操作风险之和的计量）；二是经济资本的计量（非预期损失的计量）；三是经营损失总量计量（预期损失与非预期损失之和的计量）；四是风险调整收益的计量（如利润价值量或收益价值量计量，以及 RAROC 计量）。其中，RAROC 计量既有利润价值量的一部分计量内容，又有经济资本的计量内容，是重中之重。

　　RAROC 的基本表达式为

$$RAROC = (R - OE - EL)/CAR \qquad (5.1)$$

式中：R 为收入，OE 为经营成本，EL 为预期损失，CAR 为风险成本。

　　R 包括银行的利差收入和中间业务等非利息收入；OE 是指银行的各种经营管理费用支出；EL 包括四个方面的要素，即违约率、违约损失率、违约风险值和期限；CAR 是指根据银行所承担的风险计算出的最低资本需要，用以衡量和防御银行实际承担的超出预计的那部分损失。

　　风险资本又称经济资本，与银行实际持有的权益资本不同，它是基于银行全部风险之上的资本，是一种虚拟的资本。在给定的容忍水平下，偏离预期的非预期损失就是经济资本。如果这种非预期损失超过了容忍水平，并且真的发生了，银行就会面临破产倒闭的可能。

RAROC 的核心思想是用风险重建利润。将风险带来的未来可预计的损失量转化为当期成本，与金融机构的运营成本一道，直接对当期盈利进行调整，衡量经风险调整后的收益大小，并且考虑为可能发生的最大风险作出资本准备，进而衡量资本的实际使用效益，使银行的收益与所承担的风险直接挂钩，与银行价值最大化的目标相统一。

5.2.2.3 以 EVA 为导向的绩效考评

（1）以 EVA 为导向的绩效考评的意义

①以 EVA 作为绩效考评的核心指标，突出了价值最大化的要求。促使经营者以经济增加值为导向，综合考虑收入、支出、风险、资本成本、短期利益、长期利益等因素，合理分配并有效使用资源，使资源的投入产生更多的效益，使业务目标和财务目标在商业银行价值最大化目标下实现融合。

②建立以 EVA 为核心的财务层面绩效考评体系有利于银行转变经营观念，改善经营机制和管理手段。以 EVA 作为绩效考评的关键指标，就要求各级商业银行经营机构在拓展业务、抢占市场份额时，坚持以效益为标准，通过认真测算资金成本以及可实现的经济增加值，建立合理的市场进入和退出机制，从而实现有效益的、健康的业务发展。

③以 EVA 进行考核，避免了设置权重和选择计算方法时的主观因素和道德风险，避免出现以前各级商业银行为实现短期利润最大化而不计提呆坏账、不消化损失或不愿进行有效益的资本性投入等行为，从而保证了绩效考评发挥更充分的激励作用，保证银行效益长期、稳定的增长。

④建立以 EVA 为核心的绩效考评体系，使绩效考评的传导作用更加明显，有利于银行以效益为中心的经营理念在内部各级机构中的正确传导。以 EVA 为核心的绩效考评，改变以前多指标、多权重的情况，为各级商业银行机构提供了明确的导向，便于各级机构在

年初预测、年中实施、年末实现各自的经济增加值，从而保证银行统一的经营理念在各级机构中准确传导。

⑤以 EVA 为核心的绩效考评体系，能充分调动员工创造效益的积极性。正如前所述，EVA 的透明和可计算性，使得各级员工工作目标明确，以 EVA 为核心的考评和激励机制，可以较为准确计算预期的经济增加值和相挂钩的激励工资，从而使各级机构的员工充分发挥工作主动性和创造性。

⑥以 EVA 为核心的绩效考评体系，还可以使商业银行正确分析自己的生产经营情况和竞争优势，对于提高自身竞争力，规范各级经营机构的经营行为，以及便于监管机构正确评价商业银行的经营绩效，加强监管，稳定金融秩序都有着积极的意义。

（2）EVA 的计算

EVA 经典的计算公式为

$$EVA = NOPAT - WACC \times IC \qquad (5.2)$$

分项计算公式为

①NOPAT 的计算

$$NOPAT = NLAT + CLLA + CBDR + CIOA + CA + (CDE - CDEA)$$
$$(5.3)$$

式中：$NOPAT$ 为税后净经营利润，$NLAT$ 为税后利润总额，$CLLA$ 为贷款呆账准备的本年变化数，$CBDR$ 为坏账准备的本年变化数，$CIOA$ 为其他资产减值准备的本年变化数，GA 为本年商誉摊销，CDE 为资本化研发费用，$CDEA$ 为资本化研发费用在本年的摊销。

EVA 的计算包括会计利润的调整。首先，准备科目的调整。出于稳健性的原则，银行要为将来可能发生的损失预先提取各种准备科目，包括贷款呆账准备、坏账准备、各项减值准备（存货、投资、在建工程、固定资产、无形资产）。由于当期提取的准备金并不是当期资产的减少，准备金的变化也不是当期费用的现金支出，提取准备金的做法一方面低估了银行实际投入经营的资本金额，另一方面低估了银行的现金利润，不利于反映银行真实的现金盈利能力，也为管理人员人为操纵账面利润提供了可能，因此，计算 EVA 时应该将准备金账户的余额加入资本总额中，同时将准备金余额的当期变化加入税后净营业利润。

其次，研发费用的调整。会计上将研究发展费用作为期间费用一次性予以摊销，这种处理方法容易导致管理层减少对研发费用的投入，这在效益不好或管理人员经营目标短期化时尤其明显。但事实上，研发费用是一项长期投资，有利于提高银行的科技水平，提高未来劳动生产率和经营业绩，因此，计算 EVA 时要资本化研发费用，即将当期发生的研发费用作为一项长期投资加入到资产中，同时资本总额也增加相同数量，并根据受益年度逐年摊销。

最后，商誉的调整也与研发费用相似。商誉一般只在兼并活动中才会计算，会计上对商誉的处理也是作为无形资产一次性摊销，但商誉和品牌效应对银行而言是长期的，因此计算 EVA 时不对商誉进行摊销，以鼓励管理层进行有利于银行发展的兼并活动。

②IC 的计算

$$IC = SE + ELLA + EBDR + EIOA + AGA + CDE \qquad (5.4)$$

式中：IC 为投入资本，SE 为股东权益，$ELLA$ 为年末的贷款呆账准备，$EBDR$ 为年末的坏账准备，$EIOA$ 为年末的其他资产减值准备，AGA 为累积商誉摊销，CDE 为研发费用资本化金额。

③WACC 计算

WACC 为资本成本率，国内商业银行资本成本率的确定一般采用两种方法。一种是使用资本资产定价模型（CAPM）计算权益资本成本率。

根据 CAPM 模型，权益资本成本（或预期收益率）由银行的系统风险所决定，公式为

$$R_e = R_f + \beta(R_m - R_f) \qquad (5.5)$$

式中：R_e 为权益资本的期望收益率；R_f 为无风险利率，国外一般以

国债收益率作为无风险利率；R_m 为市场组合的期望收益率；$R_m - R_f$ 表示市场组合的期望收益超过无风险资产的收益部分，称为风险溢价；β 反映了个别资产收益的变化与市场上全部资产的平均收益变化的关联程度，用于度量银行股权收益率对市场收益率的敏感性。

应用 CAPM，需要选择合适的 R_f 以及计算风险溢价（$R_m - R_f$）与 β。对于 R_f，国内银行业可以取目前中长期国债的到期收益率或者 5 年期定期存款的年利率。

风险溢价（$R_m - R_f$）可以从市场收益率的时间序列模型计算得出，其最简单的估计是历史市场风险升水的平均值；β 可以表示为股权收益率对市场收益率的回归系数。实践中，回归方法应用最为广泛。

还有一种是直接利用汇金公司对国有银行注资所要求的回报率 13% 作为资本成本率。为了适应经济发展的需要，根据国有独资商业银行的具体情况，2004 年 1 月国务院决定选择中国建设银行和中国银行进行股份制改造试点，并向这两家银行注资 450 亿美元，补充其资本金，以提高资本充足率。对于注资的回报，《中国银行、中国建设银行公司治理改革与监管指引》第十六条就有体现：两家试点银行股本净回报率 2005 年度应达到 11%，2007 年度应进一步提高到 13% 以上，确保注资的效果和获得良好回报。因此，可以将注资所要求的股本回报率 13% 作为资本最低期望收益率。

5.2.2.4 以人力资本为导向的绩效考评

以人力资本价值为导向的绩效考评分为内外两部分：内部绩效考评包括对董事层、经理层和员工层的绩效考评；外部绩效考评主要是客户层的绩效考评。

（1）董事层业绩绩效考评

对董事层进行绩效考评，将激发董事会成员履行其责任的动力，并改善公司董事会和管理层之间的工作关系，有助于股东对董事会成员行为的监督，使董事会成员的报酬趋于合理，避免董事会成员与高管人员相互勾结并损害股东利益。

尽管商业银行的业绩是考评董事会业绩的一个有效标准，但董事会的行为与商业银行业绩考评期间不一致，会使得这种评价标准具有时滞性。因此需要对董事会预先设定一些关键绩效指标。这些指标应根据董事会的职责来确定，并将董事会的责任和目标分解为可以实行的任务和行为。一般包括如下指标：商业银行的使命和哲学；商业银行的目标、战略和结构；董事会和管理层关系；董事会边界的扩展；董事会的结构和规模；反馈与激励约束等。

（2）经理层绩效考评

中层经理是管理层中重要的角色，他们能提出有价值的创新想法，并能够也愿意将这些想法付诸实施；与高层经理相比，中层经理更善于充分运用银行内部的非正式关系网，而正是这些关系网使得实质性的持久的变革成为可能；中层经理能够适应员工的情绪以及情感需求，能确保变革的动力得以维持；中层经理能够驾驭组织中连续运行和变革之间的张力，既可以防止组织陷入极端的惰性又可以避免陷入极端的混乱。中层经理作为商业银行中坚力量的意义是毋庸置疑的。

对于中层经理的绩效考评可分为四个步骤：首先，进行自我评估，并制订改进和发展的计划，以持续进步和发展。其次，高层管理人员在其自评的基础上，结合银行总目标对其个人与部门的运作和业务上的贡献进行评估。再次，选取与该中层经理领导的团队有横向业务联系的部门经理3～5名，对其进行横向评估。横向评估着重于相关的知识、压力管理能力、决策能力、沟通能力、协作能力、创新能力。最后，将所有中层经理的评估结果按分数组合排序，形成一个强制性优劣分配结果。

（3）员工层的绩效考评

员工层的绩效考评，应与所在组织绩效考评结果相结合，因为每个人必须依靠团结协作才能体现自身价值。但是不同级别的员工绩效与所在单位、部门、流程、模块相关程度不一样，高层管理人员与其所在组织绩效的关系最密切，层次越低越不密切。因此，应在职级分类的基础上，按其岗位的不同要求，设置不同的评价指标体系实行分类分级评价。

对于员工可分为三类：一般管理人员、市场营销人员和一线操作人员。对一般管理人员的评价主要是看其工作任务和管理措施是否落实到位，管理制度体系建立是否健全，制度执行和检查情况如何；对市场营销人员的评价主要是以市场营销成果和绩效的贡献率为主；对一线操作人员的评价以工作量、合规操作和服务质量的评价为主。

5.2.3 基于业务模块化的绩效考评流程

商业银行的绩效考核模块是整个银行价值管理中非常重要的一个子模块，从预算目标制定到目标的分解与执行过程，都需要经过绩效考核来评价管理实施的效果。绩效考核子模块可以通过模块的集中化嵌入价值预算模块，实现"即插即用"。作为一个完整的体系，绩效考核也有白己独立于组织设计的流程，可分为对象选择、方法与指标选择、绩效测量、绩效检查。

绩效考核的对象有多种选择，可以是对整个银行的绩效评估，也可以针对某个业务模块、某个部门或者某个员工等。这取决于绩效考核模块所属上一级模块的管理要求。

绩效考核的方法与指标选择依赖于考核对象的选择。对于从外部整体评价商业银行，可选用市场价值导向的业绩评价；对于风险管理的绩效评价，以风险价值导向的方法更能体现风险与利润的双重要求；如果整个银行的业务管理是以经济增加值为核心的，配套的绩效考核也应采用以 EVA 导向的评价方法；对于银行内部的员工的考核，人力资本导向的评价可以满足从最高的管理层到底层员工的评价。绩效考核指标的选取需要把握的原则就是尽可能将考核对象的价值驱动因素更多地包含在内，可采用财务指标和非财务指标两种。

　　绩效测量是对与绩效有关的数据进行及时收集、处理和归集，为有效执行后续环节奠定基础。信息和数据的相关性、可靠性、及时性都影响绩效考评的效果。这对信息系统的设计和使用有很高的要求。

　　绩效检查是对实时绩效和目标绩效的考察，并进行必要的预测，以确保及时采取更正性和预防性行动，保证管理的执行向着预期目标前行[111]。

5.3　业务模块化的信息集中管理

　　随着商业银行业务量的加大，海量数据的处理与加工就成了制约商业银行价值创造的重要因素。与此同时，商业银行前台业务的进行以及中后台的管理都离不开信息系统的支持，尤其是整个商业银行流程进行再造后，商业银行的信息管理也呈现出新的特征和优势，迫切需要我们制定相关的管理措施。

5.3.1　信息系统模块化的特征

5.3.1.1　信息系统的集中

　　集中化是银行后台运作系统自信息化以来不变的演进主题。真正意义上的"大集中"是20世纪90年代以后，伴随着网络系统和数据仓库技术大发展而兴起的。这种大集中谋求的是全国乃至全球经营区域的集中化，旨在实现信息技术能力的最理想使用。例如，美国花旗银行的全球联机业务的运算和处理被分为两个大区，分别集中在美国和英国两个中心的主机上；日本的东京银行在全球只设两个后台处理中心，即东京和大阪各设一个中心，这主要是从灾难备份的角度来考虑；美国道富银行的全球在线金融业务按时区在美洲设立了一个计算机数据中心，在亚太地区（悉尼）设立了第二个计算机数据中心，来支持全球全天 24 小时的实时会计交易处理。

"大集中"处理之所以成为众多银行再造后台业务系统不约而同的选择，主要源于其显而易见的成本优势。传统的多级或分布式的"小集中"处理投资巨大，资源浪费严重：每个中心主机所在的分支行都要有一套标准配置；计算机本身更新快，使用周期短，各分布中心的设备等都要随之更新，更新的点数越多，投入的总金额就越大；各分布中心都要按系统要求配齐相关软件，造成同一系统内各中心重复购入软件，软件开销增大；各分布中心所覆盖的机构网点数量有限，业务总量不大，主机的能力未完全使用，而庞大的应用软件对主机基本配置和对系统软件的配套要求仍一样，并不能因点少量缺而降低，使得各中心都要达到同样的标准来满足运行之需，投资不能降低，这就引起资源严重浪费。而"大集中"仅建立一个适应后台处理业务集中化的数据中心和一个备份中心，投资及耗费远远低于分布式或多级式。

"大集中"处理的优势还表现在它对银行信息系统数据的汇总上。在"大集中"处理方式下，银行的前端数据采集可以通过综合柜台系统、银行卡系统、清算系统、信用管理系统、ATM、网上银行、电话银行等多种渠道汇集到一个集中处理中心。这不仅克服了以往系统信息零散、交叉和重复的弊端，也为客户信息资源事后分析处理提供了完整依据和便利，在此基础上，通过建立新的银行服务模式等一系列行为便变得更加顺理成章。

就国内来说，工商银行已经实现了财务集中至一级分行；农业银行借助财务集中改革的东风，于 2007 年成功将 9 个直辖市以及直属分行和 3 个省分行（海南、青海、宁夏）的财务集中至一级分行管理，其余 25 家分行的财务集中至二级分行管理，同时，将全国的数据中心设在上海，北京的软件开发中心仅负责系统的开发与维护，初步实现了财务处理和信息系统双集中。

5.3.1.2　信息系统的外移

银行历来将大大小小的办公机构集中于大城市及高成本地区,这种"中心城市主义"的观点根深蒂固,它使银行面临巨额的成本开支。面对信息技术革命及数据大集中的发展趋势,银行寻求一切可能有助于降低成本的措施。充分利用信息技术实现部分办公机构远离中心区域,从而利用异地廉价的人力、租金降低成本,正成为银行组织结构再造中的一项考虑因素。

后台运作系统的集中是以后台运作的相对独立和离散为前提的,这也意味着后台运作中心的选择可不囿于银行总部之内,而有更大的地理选择空间。后台运作系统外移的成功范例是汇丰银行。

2001 年 3 月 13 日,汇丰银行开始把一些客户资料的整理、更改和信用卡的后期处理等后台业务工作向广州迁移。汇丰银行采用了先进的影像系统,将香港的资料传给广州,广州处理后,当天就传回香港。这样,汇丰银行可以腾出人手,在香港重点开展与客户面对面的服务,提升服务的质量。汇丰银行管理层强调,银行必须不断考虑如何精简机构,信息技术正使银行的部分业务可离散进行处理,后台业务正属于较容易转移到成本较低的地区的类型。

5.3.1.3　信息系统的外包

目前,许多世界先进银行的后台业务越来越强调获得规模经济以降低成本、提高效率,利用以互联网技术为基础的产品和服务为客户提供增值服务,从而形成以利润为中心的收入模式。在这一过程中,许多银行在考虑是否可以将后台业务外包给第三方。

是否将后台业务外包取决于两大因素:一是该项后台业务对于银行的战略重要性;二是其业务量的大小。业务量大但战略重要性低的后台业务可以完全交给第三方处理,而那些战略重要性高但业务量相对较小的后台业务应该由银行内部处理,以免信息泄露给竞争对手。进入 20 世纪 90 年代,美国的商业银行纷纷把信息技术的开发及维护部分或全部承包给外部的信息技术集成服务公司。业务外包还表现在业务软件包由自主开发转向外购及委托外部开发。

近年来，美国银行业直接外购软件包的趋势十分明显。这是因为，一方面软件专业公司已经能开发出较为标准的银行业务软件包，使应用成本大大降低；另一方面，直接导入软件专业公司开发的银行业务软件包，既快捷又能避免开发失败的风险。据统计，美国信用卡业务处理大多由外部服务公司来做，美国最大的储蓄账户处理中心也不属于银行而属于非银行的信息技术公司，这些处理中心已变成银行的处理车间，而商业银行则成为这些车间的前门店铺。这种信息技术业务外包极大地降低了银行成本，使银行可以免除沉重的投资负担，变固定成本为可变成本[112]。

从国内来说，各家银行采取的方式不尽相同。2004 年 2 月，国家开发银行与惠普公司签订外包协议，这是国内金融业首家整体外包案例。而中国农业银行通过对多种国际知名财务管理软件的考察，出于战略意义和成本的考虑，决定自主开发财务核心管理系统。2007 年，中国农业银行第一阶段的财务集中改革就是借助自主开发的财务管理信息系统（FMIS）实现的。

5.3.2 信息化集中管理与流程模块化

相对于以"部门银行"为特征的传统银行，流程模块化代表了一种全新的银行模式。一般而言，"部门银行"的主要特征是以组织定流程，纯粹因内部管理和运作便利设定部门和职责，而较少出于外部便利和客户服务的考虑。流程模块化则以流程定组织，先将流程模块化，其后确定机构设置和人员配置。在金融创新过程中，商业银行应根据市场和客户的需要，按模块化模式来规划产品业务结构，整合或撤并职能重叠或有悖于流程要求的组织机构，最后才配置人员和设定职能。鉴于信息技术在银行流程模块化中的广泛渗透，银行流程模块化已经与信息化集中管理相辅相成、互为表里、密不可分，是一个有机整体的不同方面。

（1）信息化集中管理本身包含和体现着对银行流程模块化的内容和要求。信息技术是金融创新的主要驱动力，信息技术的广泛应用，使得银行的经营管理活动可以跨越时间和空间的障碍，为银行中前台模块提供全新的平台。商业银行所有业务的开展，都将和信息系统密不可分：前台业务模块的处理需要信息系统支持，中台风险模块的控制和衡量也需要信息系统的配合，后台价值预算与业绩考评模块的进行，需要信息系统提供精确的数据。未来银行的业务创新和管理创新将会是围绕信息化过程、以信息技术为依托的创新。

（2）实现商业银行价值最大化目标必须借助信息化集中对传统银行的业务、组织和管理模块实施根本性的变革。价值管理既需要依托科技创新所提供的强大的信息基础设施，又需要信息技术为日新月异的价值管理提供不竭的动力。由于信息技术应用已经涵盖了银行业的所有核心业务模块，涉及银行业务经营管理的方方面面，信息系统已经不仅仅是提高业务运作效率的外在手段，其本身已成为银行业务经营和管理的内在要素。

（3）商业银行模块化是超越技术门槛、创造银行竞争优势的主要因素之一。商业银行经营的货币、信用等具有同质性，采用的信息技术也是通用的，信息技术在不同银行之间的应用并不存在技术上的门槛。因为信息系统应用所带来的银行差异化竞争优势主要来自各自的业务流程和管理模块，所以，必须从实现商业银行价值最大化的目标出发，充分应用现代管理科学的理论、方法和当代金融工程理论，来改善商业银行内外部各方面的管理和运行，从而从同质化中创造出差异化的市场竞争优势。

5.3.3　信息化集中管理的措施

面向中前台的信息化集中管理，首先要着眼于信息化基础设施的建设和完善，使得技术环境和经营环境能够有效支撑业务经营的健康、规范、有序发展，全面提高信息化建设的效率和效益。要把吸取国外先进经验与银行的实际情况相结合，既突出流程再造的前瞻性，又体现发展的路径依赖。要用发展的眼光看待问题，适应金融市场和信息技术日新月异的发展趋势，集中优势资源，突出重点，分步实施，稳步推进，大力实施技术攻关，通过重点项目的实施带动流程再造的不断深入开展。

5.3.3.1 统一全行信息标准

目前，国内商业银行内部还没有形成统一的管理信息系统的体系框架，各信息系统是独立的，相互间的技术和数据标准不统一，也不存在信息的交换和共享。因此，统一全行各业务部门正在运用的信息系统的技术标准和数据标准是构筑国内商业银行信息管理系统的第一步。

首先，以个人业务系统和其他个人外部系统的数据格式为基础，制定个人客户业务管理信息系统数据字典，以此作为全行个人客户信息的数据标准；以公司业务系统和其他企业外部系统的数据格式为准则，制定公司客户业务管理信息系统数据字典；以办公自动化和综合统计系统的数据格式为参考，制定综合分析、计划管理系统的数据标准。

其次，协调财务会计部、现金管理部、信贷管理部等业务部门制定本部门内的信息系统数据标准。

最后，由管理信息部门负责汇总全行各信息系统的数据字典，经技术保障部门会签，发布全行信息系统数据标准指引。

5.3.3.2 构建全行数据仓库

根据商业银行业务发展的需要，站在全行整个信息系统建设的高度，对数据仓库进行宏观设计和规划是十分有必要的。具体实施时可以先找突破点，在目前状况下可以先从个人、企业客户信息分析系统的建立和应用开始，以此建立数据仓库的初步基础构架和分析模型，然后实施对业务操作流程中心的规划与设计。

由于目前国内商业银行信息系统操作流程基本上是模拟以往手工模式设计的，在模块的设计和数据的结构上还存在一定的冗余和不合理，因此，需要对这些系统的数据结构、信息流程和模块划分进行重组。具体方法是按照全行新的组织结构和业务流程对全行各业务部门信息系统重新整理、归并和设计。在此基础之上，注重对外部或其他形式数据的收集和仓库化，逐步建立银行环境数据系统和客户信息系统。由于中国商业银行对数据仓库项目认识不够深刻，银行业在进行数据仓库建设时往往只注重集成内部基于记录的数据，而忽视集成外部数据和其他形式数据。但事实上，根据有关机构的调查，大型企业的最高决策者95%的经营管理信息来自企业外部。

数据仓库系统不是简单的企业内部数据的集成，而是为决策支持提供集成的数据源，因此在数据仓库设计时，必须在关注企业内部基于记录的数据的同时，充分重视外部数据，并充分重视其他形式（声音、图形、图像方式）的数据，按照管理决策人员对决策信息的要求进行信息集成。

5.3.3.3　推进决策支持系统建设

决策支持平台的建立离不开相关数据库、模型库、方法库和知识库的支持。数据库、模型库和方法库构成了银行决策支持系统的最基本内容。其中，数据库是银行决策支持系统建立的先决条件，模型库是银行决策支持系统的核心部分，方法库是建立各类模型必不可少的工具。

模型库是按照不同的经济数学方法，对各种经济现象的规模、功能、类型进行描述而建立起来的经济数学模型的集合。目前，在金融行业比较常用的主要有以下八类：

（1）银行经营计划系统模型，包括计划模型、经营分析模型、长期存款预测模型、存贷款短期预测模型、资金余额预测模型、最适当资金干预模型等；

（2）银行经营网点管理模型，包括经营网点业绩预测模型、经营网点业绩评价分析模型、人员和设备配合模型、工作效率分析模型等；

（3）经济预测分析模型，包括金融业经济预测模型、其他行业预测模型、综合经济预测模型、地区经济动向指数模型等；

（4）企业信用评价分析模型，包括企业财务评价分析模型、不同行业财务模拟模型、企业业绩预测模型、信贷风险测定模型等；

（5）市场预测分析模型，包括营业点选址模型、营业点分析模型、个人资金吸收比率决定模型、债券市场分析模型、广告效应分析模型以及顾客行为分析模型等；

（6）资金管理与投资决策模型，包括银行资产负债管理模型、资金运用模型、有价证券投资模型、投资效果与财务预测模型等；

（7）人事管理模型，包括人事政策模拟模型、退职人员预测模型、各部门人员配置模型等；

（8）业务量预测和人员核定系统，包括长期业务量预测和人员核定模型、短期业务量预测和人员核定模型等。

在构建模型库的同时需要逐步引入方法库和知识库。方法库是一个软件系统，向系统提供通用的决策方法、优化方法以及软件工具等。因此，方法库设计是建立经济数学模型所必需的各种计算方法的集合，如矩阵运算、数值积分、线性方程组求解、常微分方程求解、相关分析等。

知识库系统是智能决策支持系统的智能部件，与专家系统的知识库有相似之处，但它是面向决策支持的，因此在功能、内容及推理等方面具有不同特征：专家系统一般是面向特定领域的，知识面比较狭窄，知识结构单一，而面向决策支持的知识库系统，不仅应具有特定的决策知识，而且还应具有与模型、方法有关的知识。决策支持系统求解问题时，不仅需要推理，还要进行较多的数值计算，以增强决策支持的有效性。应成立专门的模型库、专家库的技术开发小组，培养一批专业的分析人员。决策支持系统所具有的技术含量高、综合性强等特点，决定了该系统的发展需要大批具有丰富的数理统计、计算机技术和管理经验的专业人才的支持，因而要建立决策支持系统的模型库、专家库和方法库，培养和吸收这样的分析人才就显得非常迫切和重要。

由于决策系统中的模型库具有一定的独立性，因此商业银行可以先通过组建专门的技术开发小组来开发模型库、方法库和知识库。小组可以由数理统计模型专家、模型涉及业务专家、系统分析和设计专家（如擅长人工智能和神经网络技术）、相关程序设计人员等组成，开发过程可采用项目管理的办法管理，这对于尽快建立国内商业银行的决策支持系统，提高管理信息系统的决策功能具有深远的影响[113]。

6

基于流程的商业
银行价值管理实践

流程再造在国外商业银行推行已久，花旗银行、德意志银行等国际商业银行巨头在流程再造后，价值创造效率得到了不同程度的提高。2005 年，中国银监会主席刘明康提出流程银行的理念，流程观念开始在中国银行业推广开来。打造流程银行已成为商业银行改进管理、提高服务的共识。

随着流程银行观念的推广以及价值管理实践的开展，中国的商业银行在价值管理上已取得初步成效，价值创造力显著提高。但是，由于国内商业银行尚处于发展阶段，流程管理、风险管理和信息管理等方面较发达国家的商业银行来说还比较薄弱，有待于进一步完善。

因此，本章在立足于分析流程银行理念引导下的商业银行价值管理所取得的初步成效，深入剖析中国商业银行价值管理实践中存在的问题，提出改进商业银行价值管理的策略。

6.1　商业银行价值管理初步成效

流程银行是相对部门银行提出的具有中国特色的商业银行经营

管理理念，其实质是改变商业银行经营管理中一切不适应市场经济发展要求的陈规陋习，促进银行内部经营和管理机制向价值管理的方向转变。

近年来，中国商业银行经营管理观念的转变以及价值管理的推行，推动了商业银行的内在变革。它们由过去片面追求业务规模到注重产品和服务质量，由单一化产品到多元化服务，由以自我为中心到以客户和市场为中心，由粗放式管理到审慎化经营，逐步将股东意识、服务意识、风险意识和盈利意识融入日常经营管理，引入经济资本和风险调整后的资本回报率等更加科学的考核评价指标。同时，从过去追求规模和市场占有率向追求价值及持续竞争优势转变，为商业银行的长期发展和价值创造奠定了基础。

6.1.1　流程银行理念的推广

流程银行理念是商业银行推行长期可持续发展经营理念的体现，它以价值增值流程为核心，促使商业银行不断适应市场竞争和外部环境变化。

传统利润管理理念，长期以来在商业银行管理中占据着重要的地位。以往商业银行的经营发展状况，都是以利润指标来衡量的。在传统的银行业竞争中，商业银行获得的利润是其竞争能力的表现，决定了商业银行生存和发展。围绕利润最大化目标的利润管理在追求规模发展的时代具有重要意义，但是随着对商业银行价值认知的深入，对以商业利润为核心的绩效考评有了新的认识。利润是一个绝对的数额和概念，利润目标会导致片面追求利润额的增加，而不计在追求利润中带来的风险，从而造成商业银行的短期行为和大量的不良贷款，不利于长期可持续发展，也不能满足所有利益相关者的需求。因此，商业银行开始挖掘内在价值，克服利润管理所带来的弊端。

流程银行理念的推广加强了商业银行对价值理念的认识，同时对传统的利润管理理念造成了极大的冲击。商业银行作为金融企业，同样必须遵循市场经济条件下现代企业管理的一般规律。

目前，中国各家商业银行已逐步认识到价值的重要性，并开始探索建立以价值管理为核心的管理体系。价值概念的推广，促使商业银行加强了对风险和成本的认识，在业务发展的同时充分考虑时间价值、风险与报酬的关系，在保证银行长期稳定发展的基础上使银行价值最大化，进而提高银行的核心竞争力和可持续发展能力。

6.1.2 商业银行经营能力分析

随着中国建设银行、中国银行和中国工商银行的相继上市，国内各大商业银行通过股份制改造，转变了经营方法，开始实践流程银行的理念。建设银行和工商银行已先后建立 EVA 为核心的价值管理模式，初步将价值管理贯穿到商业银行经营管理的全过程。

价值管理的推行，强化了中国商业银行对流程银行的认识，推动了经营模式的转型，由此带来商业银行经营效益的稳步增长和价值创造能力的逐步增强。

6.1.2.1 资本充足率分析

截至 2009 年底，工商银行、农业银行、中国银行和建设银行的资本充足率分别为 12.36%、10.07%、11.14% 和 11.70%。近几年四大商业银行的资本充足率大幅提高，2009 年底平均资本充足率达 11.32%，见表 6.1。

资本充足率是业务发展的根基，资本充足率的提高为业务发展提供了坚实的防范风险的资本后盾。自 1998 年国家采取了政府注资，成立资产管理公司对四大国有商业银行的不良贷款进行剥离后，四大国有银行的资本充足率明显提高。2003 年以来，随着建设银行、中国银行、工商银行和农业银行先后上市，资本充足率大幅提高，资本管理能力明显增强。

　　自从 2004 年监管部门全面推行严格资本管理以来，截至 2009 年底，几大全国性股份制银行资本充足率均超过 8% 的及格线，而核心资本充足率达标的全国性银行则达到 14 家，见表 6.2。

表 6.1　　　　　　　　四大国有商业银行的资本充足率比较表

单位：%

年份	工商银行	农业银行	中国银行	建设银行	资本充足率平均值
2007	13.09	—	13.34	12.58	13.00
2008	13.06	9.41	13.43	12.16	12.02
2009	12.36	10.07	11.14	11.70	11.32

资料来源：根据各行公开网站年报数据和新浪财经网公布数据整理。

表 6.2　　　　　　　　股份制商业银行的资本充足率比较表

单位：%

年份	招商银行	民生银行	上海浦东发展银行	深圳发展银行	华夏银行
2007	10.40	10.73	9.15	5.77	8.27
2008	11.34	9.22	9.06	8.58	11.40
2009	10.45	10.83	10.34	8.88	10.20

资料来源：作者根据各行公开网站年报数据整理。

6.1.2.2　盈利能力和结构分析

　　实施 EVA 管理后，各行盈利能力明显改善。2009 年四大国有控股商业银行平均总资产回报率和股本回报率分别达到 1.09% 和 19.49%，达到了国际先进银行平均 1% 和 14% 左右的水平（见表 6.3）。

表 6.3　　　　　国有控股商业银行 2009 年盈利能力分析表

单位：%

指标	工商银行	农业银行	建设银行	中国银行	平均值
ROA	1.20	0.82	1.24	1.09	1.09
ROE	20.14	20.53	20.87	16.42	19.49

资料来源：作者根据各行公开网站年报数据整理。

从综合经营管理各方面的情况看，国有控股商业银行基本达到了中国银监会提出的"准确分类—提足拨备—做实利润—资本充足"审慎经营路线要求，部分实现了将中国大型商业银行建设成为"资本充足、内控严密、运行安全、服务和效益良好，具有国际竞争力的现代商业银行"的改革目标。

价值管理理念推行后，各家银行在业务发展时也注重资产质量的控制，同时为应对来自各方面的竞争，加紧技术引进和研发能力建设，促进了业务创新。

与此同时，国家出台相关政策积极鼓励金融创新，监管部门也给予商业银行的业务创新积极扶持，因此业务创新迎来了良好的外部环境。

商业银行改变了过去"重产品数量轻产品质量，重业务扩张轻业务创新，重存贷业务轻中间业务"的发展模式。商业银行积极研究在风险可控的前提下，调整业务结构，增强金融创新的技术和业务能力，创新产品逐渐丰富，产品质量也得到保证。

由此，商业银行在个人理财业务、资产证券化、衍生产品、贸易融资等领域不断推出新产品，在支付结算、银行卡、代理类和交易类业务、托管业务、顾问业务等中间业务上已开拓了广阔的收入空间，中间业务的手续费与佣金收入成为非利息收入增加的重要因素。非利息收入比重的持续增加，扩大了非利息收入在整个营业收入中的比重，调整了收入结构，改善了中国商业银行收入结构单一的状况，见表6.4。

表 6.4　　四大国有商业银行手续费与佣金净收入增长比较表

单位：亿元,%

年份	工商银行		农业银行		建设银行		中国银行	
	金额	占比	金额	占比	金额	占比	金额	占比
2007	384	15.0	230	12.8	313	14.2	355	18.2
2008	440	14.2	238	11.3	384	18.0	399	17.4
2009	551	17.8	356	16.0	481	14.3	460	19.8

资料来源：作者根据各行公开网站年报数据和新浪财经网相关数据整理。

6.1.3　商业银行风险管理能力分析

商业银行的价值是扣除风险成本后的经济增加值，价值管理的新理念带来了全新的风险管理思路，价值管理的实施大大加强了商业银行的风险管理能力。

近年来，国内商业银行尤其是上市银行，其风险管理在理念和实践上都有较大进步，效果较为明显，见表6.5。

表 6.5　　　　　　中国商业银行风险监管指标比较表

单位：%

指标	年份	工商银行	建设银行	中国银行	招商银行	民生银行
不良贷款率	2007	2.74	2.60	3.12	1.54	1.22
	2008	2.29	2.21	2.65	1.11	1.20
	2009	1.54	1.50	1.52	0.82	0.84
单一最大客户贷款比例	2007	3.10	4.70	3.40	6.10	3.80
	2008	2.90	3.70	3.80	5.30	4.10
	2009	2.80	3.10	3.80	5.70	6.50
最大10家客户贷款比例	2007	21.10	19.90	16.10	32.40	28.20
	2008	20.40	20.00	17.60	32.10	27.50
	2009	20.90	18.94	28.00	28.80	34.00

资料来源：作者根据各有关银行年报整理。

（1）国有商业银行不良贷款率大幅下降。中国银行、建设银行和工商银行股份制改造上市后，不良贷款率大幅下降，且保持了逐年持续下降的趋势。在按照 5 级分类标准对信贷类资产进行重新分类后，上述三家银行不良贷款比例均控制在 5% 以下的监管要求范围内。国有商业银行通过股份制改造上市，在很大程度上提高了资产质量，减轻了历史包袱和沉重负担。

（2）股份制商业银行不良贷款率整体上比国有商业银行低，资产质量优势明显。这说明商业银行的抗风险能力还有赖于其自身经营机制的转变和公司治理水平的提升。

（3）贷款客户的集中风险控制均达到监管要求，并且管理效果整体上逐年向好。一般来说，过高的贷款集中度是银行资产安全的巨大隐忧。为此，监管部门制定了两个指标，最大的单一客户贷款额不能超过银行净资产的 10%，前 10 大客户贷款总额不得超过净资产的 50%。

6.1.4 商业银行财务控制能力分析

财务集中管理是现代商业银行财务控制的大趋势，是商业银行后台集中管理的重头戏。

财务集中管理的前提是财务核算的集中，只有核算层面集中，才能提供统一、真实、共享的会计信息，进而实现控制层面和决策层面的集中。这些都离不开信息化建设的支持与保障。从国内银行业财务集中改革实施情况看，中国工商银行一直处领先地位，2008年又成功实施一级分行财务集中改革，进一步提高了财务集约化管理的广度和深度，见表6.6。

表 6.6   四大国有商业银行财务集中改革比较表

财务改革项目		工商银行	农业银行	中国银行	建设银行
财务系统建设	财务管理信息系统（FMIS）	2005 年整合，2007 年推广应用	2005 年开发完毕，2006 年推广	已完成开发，2008 年准备推广应用	2007 年推广应用 ERP 系统（ORA-CLE 公司）
财务集中	城市行和二级分行	2005 年实现	2007 年实现	2006 年实现	2007 年实现
	一级分行	2008 年实现	尚未实施	尚未实施	尚未实施

资料来源：作者根据有关银行财务改革材料整理。

农业银行财务集中改革主要借鉴工商银行的方法和经验，但由于实际情况不同，在改革具体实施上存在一些差异。因此，通过对比两家银行在 2007 年以后财务集中改革的成果，可以分析了解中国商业银行目前财务集中改革的现状和趋势，见表 6.7。

表 6.7   工商银行与农业银行财务集中改革对比表

对比角度	农业银行	工商银行
集中层次	9 个直辖市分行、直属分行和 3 个省分行集中到一级分行，其余 25 个省分行集中到二级分行	一级分行
集中模式	逻辑集中（只设一套财务账）	物理集中（保留上收行财务账，远程代理记账）
核算主体	机构、部门、网点、产品、员工、项目、渠道	机构、部门、网点、产品
账务设置	按集中行设置一套财务会计账，按机构、部门、网点、产品、员工、项目、渠道设置管理会计账和预算会计账	按集中行和上收行设置多套财务会计账及相关登记簿
核算平台	财务管理信息系统（FMIS），包括审批、费用、资产、薪资、应付、总账、预算、合约、项目、基础功能、接口、报表、移植 13 个子系统	财务管理综合应用（集成原来的 5 个系统）

对比角度	农业银行	工商银行
核算方法	(1) 只记一套财务会计账，系统自动记相应管理会计账，财务账与管理账核对一致；(2) 管理信息记录、财务会计记账、管理会计记账、成本分摊归集一体化处理；(3) 管理信息与账务信息同时记录、同时核算反映；(4) 成本分摊实行实时分摊和事后批量分摊	(1) 财务记账与管理信息一体化处理；(2) 事后实行成本分摊归集；(3) 管理信息与账务信息统一集成财务管理综合应用系统
核算细化	二级财务会计科目、五级管理会计科目、五级预算科目	四级财务会计科目
凭证传递	报账信息电子化，定期移交原始凭证	通过映像系统传递报账信息和原始凭证图像
信息还原	由管理会计信息还原为财务会计信息，由系统二期（业绩价值管理系统）实现	由财务会计信息还原为管理会计信息
风险控制	实时预算控制、安全认证卡控制、纵横授权审批控制、支付静态及动态授权控制、岗位数据权限及报表权限控制	多层次、多角度财务风险控制

资料来源：作者根据有关银行财务改革材料整理。

6.2 商业银行价值管理实践中存在的问题

6.2.1 业务流程和组织结构不合理

商业银行的业务流程与组织架构搭建了商业银行经营管理正常运行的基础平台。合理的组织架构搭建有利于业务流程的正常运行，合理的业务流程设计推动组织架构的调整。但是，目前中国商业银行的业务流程和组织结构资源消耗过高、效率低下，严重制约和影响了商业银行的价值创造力。

6.2.1.1   业务流程链条过长且分散割裂

职能型的业务流程是为适应部门银行的组织结构和管理的需要设置的，是一种"以组织定流程"的方式，即笼统地按活动的相同性或相似性，将从事相同或相似活动的人合在一起，形成职能型群体。每一个职能型群体所从事的工作，对于一个完整的流程来说，只是其中的一部分。

中国商业银行的组织结构决定了部门和人事的设定，然后再根据人事配置情况来建立工作流程，这样就难免会产生效率低下的问题。这样的流程设计，导致业务流程分工过细，业务流程链条长。客户在购买产品和服务时，常常会涉及多个部门，客户因业务手续繁杂和等待时间过长而放弃对产品与服务的选择。

以国有商业银行的一般信贷流程为例，见图 6.1。

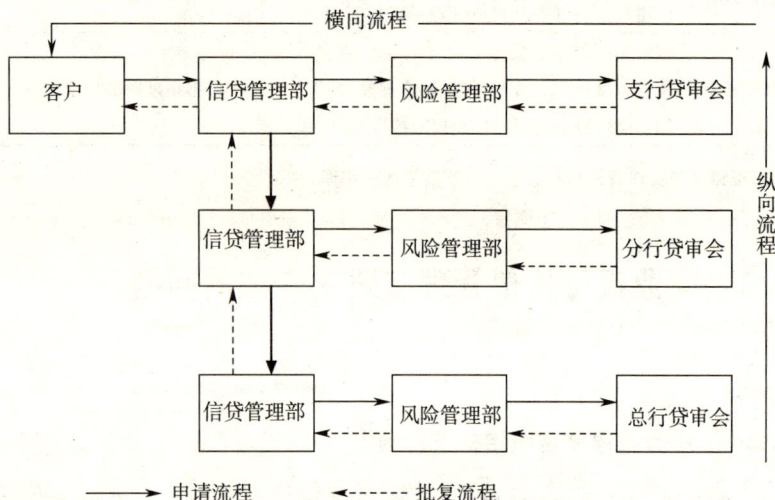

图 6.1   国有商业银行信贷业务流程图

基层行一笔信贷业务从客户申请到发放，横向涉及不同管理部门的审批，纵向涉及不同的管理层级的审批，要经过支行、二级分行、省分行、总行层层审批，经过评级授信、资金审批、规模管理、利率管理等多个环节，流程链条过长，手续烦琐，工作量大，耗时长，这样的业务流程模式不仅效率低，而且客户满意度低，严重影响商业银行的价值创造。

实际工作中，商业银行信贷业务工作流程远比图 6.1 中描述的复杂。对于单笔额度大的贷款发放，不仅要经过同级机构的多个部门、多个经办人员和主管审查批复，而且还要层层上报，层层审核，信贷流程链条长，决策速度缓慢，业务管理效率低下。

据统计，大多数国有商业银行一笔大额信贷业务从客户申请到贷款发放，平均处理时间长达 5～6 个月，这样的业务流程设计与以客户为中心的流程再造和价值管理的理念相悖。

职能型的业务流程不仅造成了流程链条过长，而且形成了流程的分散割裂。例如，银行各部门都会从自身的管理要求出发收集客户信息，导致信息无法统一归集，见图 6.2。

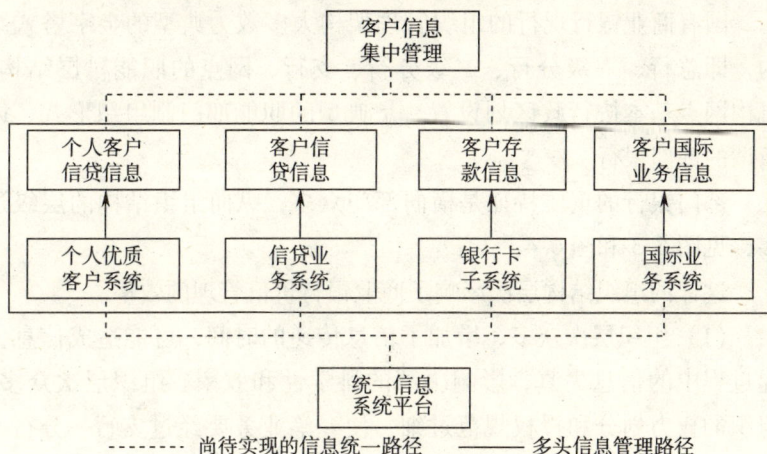

图 6.2　商业银行客户信息管理现状

信贷业务部门客户信息从信贷管理系统中提取，个人业务客户信息从个人优质客户系统中提取，国际业务部的客户信息从国际业务系统中提取，银行卡部的客户信息从银行卡子系统中提取，同样的客户信息存于不同的系统中，使得客户信息的采集、传递和整合加工是分散、割裂的，不可避免地造成信息流动不畅和信息不统一，导致无谓的信息资源浪费，增加了商业银行的信息管理成本。

事实上，商业银行尚待整合的客户信息不仅限于图6.2中列举的四个系统，商业银行的各个流程割裂、部门各自为政、客户信息政出多门、信息系统重复建设等问题严重，造成各部门信息割裂、客户信息不统一。目前，中国商业银行缺乏一套有效的业务流程来全面了解、收集、分析、反馈和处理客户的各种信息，需要信息的部门无法得到相应的数据，客户信息散落于各个部门的子系统中，造成信息的片段化、片面化和信息失真，从而影响银行与客户、前台与后台、银行内部不同部门和层级之间的信息传递和交流，降低了工作效率，同时影响了经营效益。

6.2.1.2　"部门银行"组织结构层次繁多

国有商业银行现行的组织管理架构大多数为典型的金字塔式结构，即总行、一级分行、二级分行、支行、网点的职能科层结构。机构网点基本按行政区划设置，是典型的职能部门制组织形式，即所谓的部门银行。

部门银行的重要特征是横向部门众多，纵向组织结构的层级过多，见图6.3和图6.4。

这样的组织结构层次影响了商业银行价值管理的效率。

（1）组织层次众多，增加了信息传递的时间，可能造成信息传递过程中的信息失真，影响决策的科学性和效率。组织层次众多，组织的权力划分和授权规范过细，使一笔业务要经过支行—分行—总行逐层审批，业务传递时间长，信息容易失真，严重影响了价值管理的效率。

（2）组织层级多，资源层层分流，最终分配到价值增值流程的资源相对较少，见图6.5。商业银行资源配置遵循效率原则，资源配置要求资源运用到价值创造效率最高的业务领域。但是，由于管理

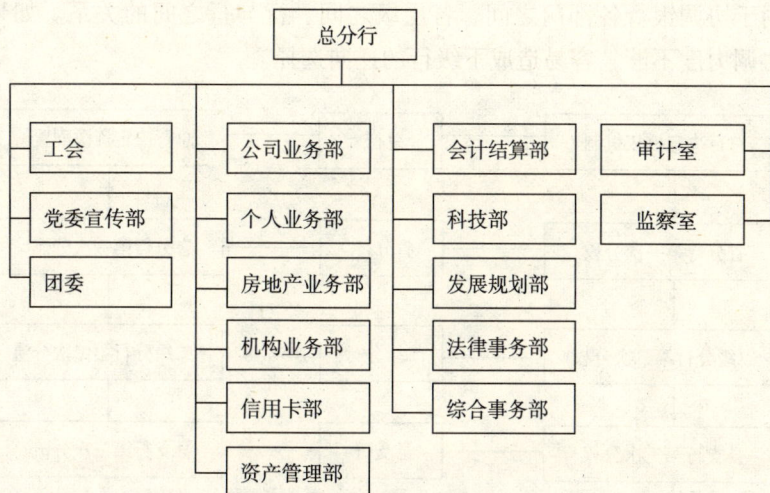

图6.3 商业银行横向组织结构

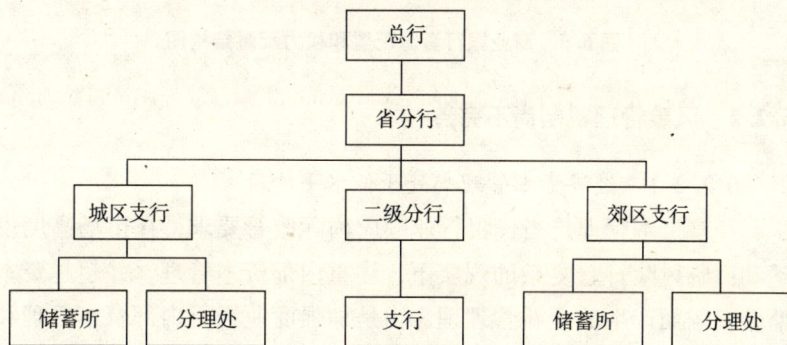

图6.4 商业银行纵向组织结构

层级过多，资源被层层分流，价值创造效率高的业务反而资源配置不足，使业务发展缺乏资源动力。

（3）部门银行的组织结构，造成"四级管理、一级经营"的本末倒置的经营结构。由于各管理层级都有对经营决策权和资源配置权的要求，因此银行作为一个整体必然要付出管理成本和协调成本，用于协调银行各部门之间、各层级之间、行与行之间的关系。如果协调力度不够，容易造成下级行的逆向选择。

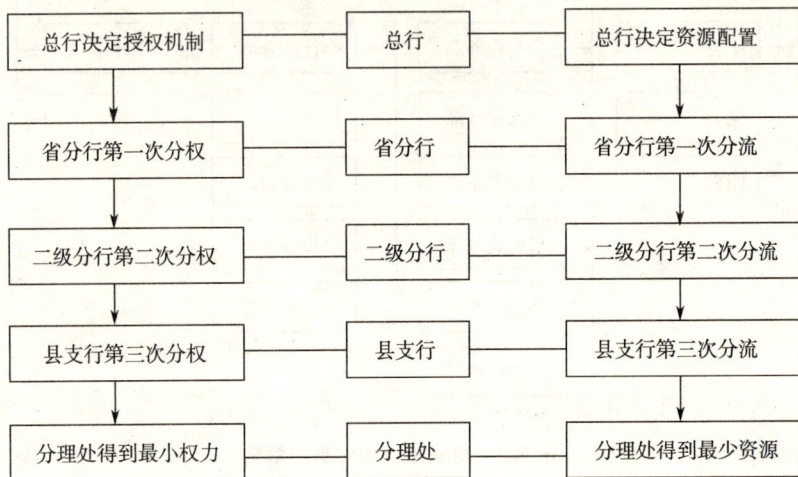

图6.5 商业银行资源配置和权力配置结构图

6.2.2 风险管理机制尚不完善

6.2.2.1 经济资本管理尚处于低水平阶段

经济资本管理是当代银行业顺应国际监管要求，在市场高度发达和面临风险日趋复杂的现实下，注重内部资本管理，并超越资本监管要求而产生的全新管理理念，是加强商业银行内部资本管理和风险管理的重要手段。目前，中国商业银行经济资本管理还处于相对低水平阶段，主要表现在以下几点。

（1）经济资本已纳入商业银行管理实践

自2004年3月中国银监会颁布实施《商业银行资本充足率管理办法》后，银行监管机构积极推进商业银行经济资本管理。在中国商业银行转型过程中，银行资本约束意识普遍增强，经济资本管理逐渐纳入银行管理之中，并逐步建立以经济资本为核心的资本管理体系。建设银行最先引入经济资本管理，开创了资本管理的新局面；中国银行也已将经济资本管理纳入信贷管理流程，并进一步研究向业务单位配置经济资本的办法；农业银行于 2005 年在全行正式实施经济资本管理办法和以经济增加值为核心指标的综合绩效考核办法；工商银行也于 2006 年全面推出了经济资本管理制度，在系统内实施，并以经济增加值为主要指标建立综合产品绩效考核体系。

招商银行、兴业银行等股份制银行也在积极拓展、改进和加强经济资本管理，通过调整经济资本分配系数，使经济资本口径逐步与监管资本接轨，在合乎资本监管要求的同时，反映银行战略和经营管理的导向，将经济资本占用的事后考核转变为事前配置，增强经济资本占用约束，并取得一定成效。

这表明，国内商业银行对经济资本管理已经从探讨阶段进入具体实践阶段。

（2）经济资本管理基本采用低级的内部系数法

当前各家商业银行的经济资本管理体系类似，基本都采用内部系数法，下面以农业银行为例来透视中国商业银行实施经济资本管理的情况。

农业银行信用风险经济资本的计量范围包括表内资产和主要的表外资产，表内资产包括信贷类资产和非信贷类资产。事实上，市场风险和操作风险也应纳入经济资本计量，但农业银行因市场风险和操作风险的计量方法尚未成熟，暂未将其纳入计量范围，见表6.8。

表 6.8　　　　　　　　　农业银行经济资本度量

风险类别	描述	计量范围	计量方法
信用风险	因借款人或交易对手违约可能产生的损失	表内信贷类资产、非信贷类资产和主要的表外业务	内部系数法
市场风险	因利率、汇率和股票价格等变动而产生的风险	暂未将市场风险列入经济资本计量范围	—

续表

风险类别	描述	计量范围	计量方法
操作风险	过程、系统和人员行为失败造成的损失	暂未将操作风险列入经济资本计量范围	—

资料来源：作者根据《中国农业银行经济资本管理办法》整理。

根据《巴塞尔新资本协议》，计量信用风险的主要方法为标准法和内部评级法（包括基本法和高级法）。由于内部评级法需要积累大量的历史数据并建立风险度量数学模型，农业银行目前尚无相应的技术能力和数据支持，因而以标准法为基础设计了内部系数法。内部系数法是基于现有会计科目，参照资产分类口径，对具有相同风险属性的资产进行分类，确定各品种的经济资本分配系数，并根据分类资产的时点余额和平均余额，确定相应的经济资本占用额。

农业银行参照《巴塞尔新资本协议》和中国银监会的有关规定，结合自身的经营政策导向及各项业务当前的风险状况，并考虑风险缓释因素，统一制定各项业务（资产）的经济资本系数，见表6.9。

表6.9   农业银行经济资本系数表（节选）

类别	项目	子项目	经济资本系数（%）
信贷类	贴现贷款		2
	短期贷款		8
	中长期贷款		8
非信贷类	现金及贵金属		0
	同业往来	存放同业	1
		拆放同业	2
	应收及预付款项	期收款项净额	0
		结算款项	0
		应收利息	8
		其他	12
表外业务类	应收信用证款项净额		2

资料来源：作者根据《中国农业银行经济资本管理办法》整理。

经济资本系数为各项业务（资产）的资本需求比率。农业银行将根据政策导向、风险状况、统计口径等的变化对各项业务（资产）的经济资本系数适时进行调整。

各项业务（资产）经济资本系数设定的主要依据是其风险权重，而风险权重的确定主要采用了《巴塞尔新资本协议》和中国银监会相关办法规定的各类资产的风险权重，并同时考虑了以下几个因素：一是根据经验判断的银行各项资产的实际风险状况；二是全行业务经营的政策导向；三是各项业务（资产）的风险缓释（抵押、质押）因素。确定系数大小的基本原则是：资金类资产低于信贷类资产；短期资产低于长期资产；正常资产低于不良资产；对政府和银行的债权低于对公司企业的债权；引导发展的业务低于一般业务等。

（3）内部评级体系尚未开发完成

中国商业银行在实施经济资本管理方面迈出了重要一步：首先，建立了初步的经济资本（风险）计量方法。但目前的计量方法还比较简单，尚未建立风险度量模型，需要探索更精确的风险识别和计量方法。其次，在回报约束原则要求下，各级机构在经济资本配置时要测算业务（产品）的经济资本回报率，并根据风险和预期收益情况调整定价以达到回报率要求，为未来建立科学的风险定价机制奠定了一定基础。最后，经济资本管理的范围包括了全部表内外资产的信用风险，这是国内商业银行目前面临的主要风险，但因技术条件限制暂不包括市场风险和操作风险。

国内商业银行经济资本管理最主要的问题是内部评级体系尚未开发完成，目前尚不具备科学计量非预期损失的能力，即无法运用先进的方法进行经济资本的配置工作。现阶段国内商业银行的经济资本配置方法还很不成熟，基本上还是一个主观、先验的配置体系，它的主观性使得经济资本的配置并不是运用高级计量评级模型得出违约概率、违约损失率等关键参数，进而得到非预期损失并完成配置过程，因而在精确度方面也会大打折扣，影响实际使用效果。除此之外，受信息数据基础薄弱的制约，现阶段的经济资本分配系数还不够精细。多数银行的经济资本分配系数仅按产品大类设置，未按单个客户、单笔资产的个体风险差异细分，也没有加入客户的信用等级、贷款的担保方式等风险影响因素，也没有考虑区域因素等，再加之没有匹配的矩阵式组织结构，经济资本也就无法精确配置到某个业务线或业务产品。

6.2.2.2　风险管理技术差距较大

表6.10突出显示了中国商业银行与西方主流商业银行风险管理技术等方面存在的较大差距。

表6.10　国内外主流商业银行风险管理技术和方法比较表

类别	国外商业银行	国内商业银行
信用风险	违约概率测算：期权定价模型、债券违约率模型 衍生工具信用风险衡量：用风险敞口等值法、蒙特卡洛模拟、敏感度分析法等衡量 信用组合风险评估：信用计量模型、VaR、KMV、信用分析系统 风险转嫁和补偿：信用衍生工具	客户信用评价：客户信用分析、财务报表分析、财务比率综合分析（如杜邦财务分析和沃尔评分法） 贷款损失计量：主要采用贷款五级分类初步尝试内部评级法
市场风险	标准法：按《巴塞尔新资本协议》用交易工具将交易划分为若干组合，计算交易组合的市场风险并对其进行补偿 VaR方法：测量给定投资工具或组合在未来资产价格波动下可能或潜在的损失。常见方法有蒙特卡洛模拟，γ-GARCH模型等 具体到利率风险，使用到期期限缺口模型、现金流缺口模型、久期模型、敏感性缺口模型、VaR模型、衍生工具套期保值	利率风险方面：由于人民币利率管制，基本实行资产负债缺口管理，其中主要采用期限缺口模型，量化利率风险敞口，确定资产负债的期限结构。部分银行已开始逐步引入久期缺口模型。外汇利率风险管理相对成熟，多采用久期缺口和敏感性缺口等模型，试用VaR方法 流动性风险方面：大都实行集中管理，基本实现了缺口分析、现金流量分析和敏感度分析等定量方法与经验法相结合的技术体系

续表

类别	国外商业银行	国内商业银行
操作风险	按《巴塞尔新资本协议》，以资本成本作为衡量基准。主要有三种方法： **基础指标法**：操作风险资本按营业收入的固定比例确定 **标准法**：将银行活动分解为标准业务单元与业务项目，设定对应的资本权数 **内部度量法**：典型代表为损失分布法，银行利用内部数据预测概率分布函数，计算累计操作损失，并根据 VaR 值确定资本	主要采用定性分析方法：通过内部审计部门、合规部门、风险管理委员会等独立组织对每项业务活动的操作控制的弱点进行评估、评级并打分，然后根据所得级别和分数不同，按人数或其他标准把操作损失分配到各个部门 配合采用简单易行的基础指标法

资料来源：作者根据《巴塞尔新资本协议》，国内商业银行风险管理制度、政策及近 3 年年报整理。

6.2.3　后台集中改革阻力重重

后台集中改革是一个对银行体制、制度和业务的重大变革，因此必定会影响到既得利益者，商业银行的后台集中改革之路上必定充满着艰辛与坎坷。

（1）观念落后问题。在改革实施过程中权力被上收行的领导认为集中后就失去了财权，发展业务的投入受到限制，从而产生抵触思想，反映出银行内部小集体利益思想比较严重。

（2）制度约束问题。后台管理实现集中后，需要有相应配套的制度来控制和约束。一方面要约束集中后的管理部门，避免出现滥用权力、下级行向上级行公关的现象；另一方面要求被上收行服从领导，避免出现阳奉阴违、擅自购置资产等违规问题。

因此，建立行之有效的监督制约机制是后台集中管理顺利实施的根本保证。就绩效考评制度来说，后台管理集中后，绩效考评作为商业银行经营管理的"指挥棒"和推动业务增长的重要纽带，起着连接战略制定和战略实施的重要作用。但目前绩效考评体系尚未将商业银行短期经营业绩和长期经营目标与绩效考评指标体系有机结合起来，激励约束机制未能与考核结果有效结合，绩效考评的信息化手段相对落后[114]。

（3）信息化建设问题。从国内商业银行信息化管理系统和管理会计体系建设来看，综合信息化管理平台和多维管理会计体系建设还处于起步阶段，数据储备和数据质量还远未达到多维度、精细化考核要求。

因此，尚未能完全实现对多维度成本收入的归集、分摊，难以真实、可靠计量其业绩价值，很难为以 EVA 为核心的预算管理和绩效考评提供准确的数据基础，见表 6.11。

表 6.11　　　　　后台精细化管理现状对比分析表

对比项目	工商银行	中国银行	建设银行
多维成本收入分摊	2005 年实现	2009 年实现	2009 年实现
资金内部转移计价	2005 年实现	2005 年实现，以市场基准利率作为内部转移价	2006 年开发 FTP 系统实现
多维度业绩价值报告	2005 年实现	2009 年实现	2009 年实现

资料来源：作者根据有关银行相关制度整理。

6.3　商业银行价值管理改进的策略选择

6.3.1　以客户为中心推进业务流程再造

商业银行在价值管理实践中，通过整合业务、部门职能，建立扁平化的组织结构，匹配业务模块责权利等，初步探索出流程银行发展的路径，树立了以客户为中心的理念。以客户为中心的新流程较职能型的旧流程更具优势，更能适应外部竞争和市场环境的变化，见表 6.12。

表 6.12　　　　　　　　　　　新旧流程比较表

比较项目	旧流程	新流程
设计理念	以部门职能为中心	以客户价值为中心
客户感知	效率低、办事难	效率高、服务便捷
部门职能	定位不清、职能交叉	定位清晰、分工明确
信息传递	手工和纸质文本传递、速度慢	电子审批、速度提高
信息化	管理决策缺乏信息系统支持	管理系统逐步建立

　　资料来源：陈星文. 我国国有商业银行业务流程再造研究 [D]. 广州：暨南大学管理学院，2007：49。

　　但是，针对商业银行目前的经营管理现状，全面推行价值管理，仍需强化以客户为中心的理念，加强组织结构调整、流程结构优化，并进行业务条线重整。

　　就商业银行的业务流程再造来看，要建立以客户为中心的价值管理尚有很多需改进的地方，商业银行仍需在实践中进一步探索。

　　（1）强化以客户为中心的理念，优化业务流程，实现由部门银行向流程银行的转变。部分商业银行已进行了以客户为中心的变革。其中，民生银行是实践以客户为中心理念的典范。民生银行以网点转型作为实现业务流程再造的突破口，对网点进行分区管理，按照不同的维度分区重新划定服务功能区域，区分简单业务或复杂业务、产品办理服务或产品咨询服务、普通客户服务或贵宾客户服务等不同维度的业务，便利客户业务办理的需要，打破了以往的网点服务模式，提供了差别化、多样化的服务模式，体现了以客户为中心的理念，有效地提高了服务效率和整体服务水平。

　　（2）在管理流程上，要加快管理链条扁平化改造的节奏和进度。在全系统建立健全的垂直化管理、控制体系，进一步推动全行前中后台分离，通过信息技术革新实现全行中后台数据集中，逐步推进管理集中、风险控制集中和财务核算集中，将分支机构的业务管理纳入总行中后台统一控制。

各家商业银行在内部进行了小范围的扁平化改革：中国银行取消了原城区管辖支行；深圳发展银行在新桥投资集团进入后取消了分管副行长管理层级，建立从总行信贷风险执行总监到分行或业务线高级信贷主管的授信垂直业务线；招商银行、民生银行等通过建立授信、稽核等区域管理中心贴近市场，实现垂直化管理。

（3）在业务条线上，要发挥自身优势，根据资源禀赋、专业特长和市场需求对现有业务板块进行整合，通过事业部制实现业务条线化管理、成本收益单独核算以及资源合理优化配置。

工商银行已经按照资产、零售、新兴三大业务板块改造其上海分行的业务管理体制。中国银行对一级分行业务线和产品线进行改革，目前，部分分行已经初步建立了公司业务战略单元和理财业务战略单元。股份制银行中，已有交通银行、招商银行、上海浦东发展银行、民生银行等针对银行卡、网上银行、中小企业等新兴业务按照利润中心的原则建立了集中经营的战略单元，兴业银行也提出要按照流程银行理念尽快调整组织架构，加快零售银行总部建设。

6.3.2　以流程为重点完善资本约束型风险管理体系

完善的风险管理体系是商业银行价值管理的有机组成部分，国内商业银行必须把握如下关键两点。

（1）健全风险管理组织结构，融合风险管理和业务流程

一是完善银行治理结构，建立与之相适应的风险管理组织结构，保证风险管理责权利的匹配和有效运行。

二是将风险管理与业务流程结合起来，管理风险于业务流程之中，真正做到有的放矢、事半功倍。要按照流程银行的管理理念改进风险管理流程，使原来分属不同部门的信用风险、操作风险、合规风险等各种风险防范工作自始而终地渗入到具体业务流程之中，

变分散的"块块式"的风险管理为流程化的风险管理，使风险关口前移，风险预警信息更加及时，防范措施更有针对性，并在风险管理模式改革上取得突破。

三是将各项风险管理的制度转化为切实有效的业务流程，明确每个环节、每个岗位的责任，彻底消除以往风险管理重制度轻落实的弊端。制度往往是经过抽象而形成的原则性的规定，仅仅从大的方面提出了风险控制的方向和要求，但要真正将风险管理制度落到实处，必须将其转化为具体的、可操作性强的业务流程，才能避免因制度的抽象性和原则性、员工的理解偏差导致具体执行及管理效果的差异。

（2）强化风险的资本约束机制，重视风险管理技术

除了健全风险管理组织结构、融风险管理于业务流程中外，还必须强化风险的资本约束机制，并重视风险管理技术。

一是加大经济资本管理在业务结构调整、资源配置等方面的应用，使风险管理成为业务发展的助推器，引导资源流向有足够的风险控制能力和价值创造能力的区域，促进银行区域结构调整，促进低风险分行加快发展、资产规模合理扩张。实施经济资本管理，通过向各级机构分配经济资本增量而不是简单的信贷规模增量，使得不同机构、不同业务的经济资本控制在核定的额度之内，也就是风险控制在可接受的范围内。

二是强化经济资本管理的激励和约束机制。以经济资本回报率和经济增加值作为科学绩效考核的核心指标，较好解决追求利润与控制风险之间的矛盾。

三是要注重历史数据的积累，着力发展内部评级体系。"工欲善其事，必先利其器"，有效的风险管理以先进的风险量化技术为依托。目前，国内大多数商业银行的风险量化技术主要还停留在内部系数法。而从长远来看，内部系数法只是国内大多数商业银行过渡期内的无奈之举。国内商业银行要利用一切有利条件，主动收集和

积累风险缓释等信息和数据，尽可能构建包括内部评级法在内的适合于自身的风险计量模型。

6.3.3　以信息化建设促进后台流程集约化管理

财务集中管理是商业银行强化法人管理体制、改善公司治理结构、优化财务资源配置、提升核心竞争力的一项重大战略举措。财务集中改革首先要实现财务核算权的物理集中，在此基础之上，利用集中后的数据分析存在的问题，协调各模块的整体联动作用，最终实现全行战略分析和决策，增强商业银行的价值创造能力。而财务集中整个过程的进行，对银行的信息化建设提出了很高的要求。整个商业银行的信息系统需要满足多层次银行客户的需要，与银行相关业务流程实现无缝连接，既能满足管理需要又要确保资金安全。

（1）全面加强信息资源管理

信息资源管理是商业银行价值管理的决策依据，它贯穿于银行管理的整个过程，是银行管理现代化的一个重要标志。要切实改变当前管理信息系统政出多门、应用"孤岛"众多、信息资源难以综合利用的现状，实现管理信息系统开发和应用模式的根本性转变。应从以职能部门为中心转变为以流程为中心，打破部门界限，建立起以数据管理为核心、信息管理为主线、知识管理为方向的信息资源管理体系，实现信息资源在全行范围内的高度共享和深度利用。

（2）完善电子银行体系建设

以网上银行和客户服务中心建设为主要载体，搭建总行统一应用平台，有效整合自助设备、电子渠道和柜台渠道，支持创新产品跨渠道快速开发和部署，以渠道整合的手段构建一体化的电子银行业务经营管理体系。把客户关系管理理念逐步渗透到电子银行，推动电子银行业务的流程再造，整合传统业务和电子银行业务，使不同的客户群能够以易于接受的形式，获得方便、全面、经济和安全的服务，实现服务请求和服务响应的跨平台、跨渠道、跨模块整合。

（3）推进后台业务集中化处理

在信息技术得到广泛应用的背景下，商业银行实现规模经济的途径已经从传统的广设分支机构转变为技术、创新和品牌。要深入研究、积极探索全国数据集中对组织架构和业务流程再造的深刻影响，推行以业务流程为主导而不是部门为中心的经营管理模式，以客户为中心建立后台业务集中处理、前中后台相互制约、以流程管理落实内部控制的组织结构和业务流程，实现价值管理和规模经济。

例如，依托全国数据集中形成的统筹管理优势，根据需要建立全行性清算中心、票据中心、信用卡账户管理中心等纯业务操作中心，将过去由分支机构处理的后台业务（如事后监督、授权、审批、单证处理、财务处理和风险监控等）集中到业务处理中心来处理，实现分行前台受理、中心后台处理的运营模式，使前台营业机构集中有限资源成为营销和服务平台，同时提高后台处理的集约化和专业化运作效率，有效控制操作风险。

（4）大力推行协同办公流程

要充分发挥数据集中和全国联网的技术优势，通过积极应用工作流技术，把过去分片、分段、串联完成的业务流程，改造成连贯的、并行的、可跟踪管理的金融服务流程。通过工作流技术，对内实现各个模块之间和上下级之间的良好协调、协作和协同，对外为客户提供连贯、一致、高效的金融服务。

6.4　基于流程的商业银行价值管理实践展望

基于流程的价值管理，一方面将商业银行流程理念引入价值管理，以价值为导向设计、优化流程；另一方面将价值管理融入清晰和顺畅的流程之中。基于流程的价值管理，凸显过程管理和结果导向，既强化银行经营管理效率，又突出银行经营成果。价值管理的效果如何，是否能得到银行员工的认同和支持，最终取决于银行实施的价值管理在提高整体经营效率的基础上是否增加银行价值。

基于流程的商业价值管理体系的建立将有助于管理层了解商业银行价值创造的过程，了解商业银行经营的市场环节、内部管理环节存在的问题和优势，以及同业竞争者的基本情况，从而为管理层价值战略的选择提供依据。价值管理理念是以价值取向为标准，使股东、管理者和所有利益相关者的利益在价值创造上保持一致。基于流程的价值管理的战略业绩评价，是对商业银行整体价值创造能力的评价，是对价值管理整体效果的衡量。通过财务战略业绩的定量定性分析，能够帮助商业银行作出正确的战略决策，保持商业银行持续的价值创造力。

基于流程的商业银行价值战略，为高级管理层实施管理行为提供了价值目标导向，指明了商业银行的价值增长点和前中后台的价值创造、价值识别、价值转移的过程，有利于管理层进一步优化价值创造流程。通过整合前中后台的流程，强化前台的价值创造、增强中台的风险控制、优化后台的资源配置等，加强内部的经营管理，以经济、有效的方式创造价值。

流程化价值管理体系的实践推广，将会引起商业银行内部组织结构、管理方式和管理理念的一系列变革。首先是管理组织层次扁平化——管理关系从上下从属关系转向工作伙伴关系。科层制组织慢慢淡化，取而代之的是科层制的权威和内部市场化相结合的管理关系。其次是组织咨询化——机构之间、部门之间相互咨询、相互服务，组织对外不断地学习。充分利用内部和外部的核心资源，实现组织内部各个价值主体和流程环节的"杠杆性"增长。最后是系统开放化——管理结构适应不断变化的外部环境和管理目标，流程化的模块组织更具有市场机制的特征，充分应对外部环境和同业竞争的变化。

商业银行流程化的价值管理体系的推行，引起组织结构、管理方式和管理理念的变化，其中最重要的是全员客户化的观念落实，因此，部门间的服务计价是推行流程化的价值管理过程中需要解决的一个问题。内部市场理论的引入，就是将市场机制引入商业银行内部，各部门作为内部市场的经济主体，建立起一种统一性和灵活性相结合的管理机制。流程化的内部部门服务计价，要求对流程的每个环节计价，进行成本和收益的计量，中后台为前后台提供服务，则前台要计成本，中后台计收益。前中后台内部的服务也需要计量成本和收益，目的是提高流程环节的服务效率。

引入内部市场机制能够充分调动部门各利益中心的积极性，提高各利益中心的价值创造积极性和价值创造能力，同时提高信息透明度，使委托代理的作用充分发挥；采用市场机制使资源配置到价值创造高的模块（中心），实现资源的合理有效使用；用价值机制引导内部运行，使得商业银行更容易应对日益变化的外部竞争环境。

国内商业银行价值管理仍处于起步阶段，在后续实践中，还需引入商业银行价值管理的全面评价机制，对整个商业银行的价值创造能力和经营管理效率进行评估，以检验价值管理的效果。

结　论

　　银行价值最大化的经营目标和以客户为中心的经营理念催生了前台业务模块化和流程化，本书在流程的视角下将模块化思想和方法融入商业银行价值创造和价值管理过程展开研究。首先，基于流程管理理论将银行内部的价值创造和价值管理主体划分为前台、中台和后台，分别履行价值创造、风险管理和综合保障的功能，提出基于流程的价值管理研究框架，并详细阐释前台模块化和流程化与价值创造的关系；其次，阐明商业银行风险管理与价值最大化之间的统一关系，并结合中国商业银行风险管理现状，分析前台模块化、流程化对风险管理主体、客体和管理方式的影响，构建基于流程的风险管理体系；最后，将预算管理、绩效考评视为银行后台综合保障中两个重要的价值管理活动，共同作用于前台业务的价值创造过程，在此基础上，具体地研究比较传统预算与价值预算、传统绩效考核与价值导向型绩效考核的联系和区别，并结合前台模块化和流程化对后台的影响，构建基于流程的预算和绩效考核方式。本书得出以下主要结论：

　　（1）商业银行价值管理，是在商业银行战略指导下，全面把握经营管理的整体运行，总体规划商业银行发展目标、发展途径和方法，并采取各种有效管理措施和管理方法，增强价值管理控制能力和创造能力，最终实现银行价值最大化目标的连续过程。

　　（2）基于流程的商业银行价值管理模式是：为实现银行价值最大化这一终极经营目标，将银行内部的价值管理主体划分为前台、中台和后台，分别履行价值创造、风险管理和综合保障的功能。其中，中台的风险管理和后台综合保障中的预算管理、绩效考评是银行最核心的价值管理活动，共同作用于前台业务的价值创造过程。中台风险管理流程和后台保障流程服务前台，前台通过业务流程服务于客户，这一完整流程构成价值创造、价值管理到价值实现的大循环。

（3）业务模块的价值创造，关键点是关注客户价值、模块硬件平台构建以及软性制度推行。三者有机结合，才能有效实现业务模块价值创造。当今时代要求商业银行对市场需求作出快速反应，商业银行必须将传统的、多触角的全方位管理转变成模块化管理，使模块化服务于商业银行的整体价值。商业银行通过业务流程的模块化分解和模块间标准的集合，完成前台业务流程重构。

（4）业务流程再造是构建流程银行和实现价值管理最合适的切入点。在商业银行的管理体系中，业务流程是内核，组织形态和各管理流程为业务流程服务，为商业银行经营管理目标服务。从部门银行走向流程银行，本质上就是要从以银行为中心走向以客户为中心，从产品导向彻底走向客户导向和服务导向，革除银行内部不适应市场经济发展要求的陈规陋习，促进银行内部经营体制和机制的变革与完善，实现商业银行改革从外部主导型向内部深化完善型转变，最终在市场末端和决策高端架设起满足客户需求的、一站式的业务和服务流程。因此，构建流程银行必须从业务流程再造入手，同时，业务流程是与客户最贴近、最敏感的环节，只有从这里切入，才能真正了解客户的需要和偏好，并提供令客户满意的产品和服务。

（5）以前台业务流程模块化为代表的流程银行思想是商业银行价值管理的新理念，流程模块化会导致风险管理主体、客体和管理方式发生变革。前台业务流程模块化后，风险重新分化和组合并内嵌于业务流程和模块中，业务流程及模块成为风险管理的整体对象，业务流程模块化同时促成风险管理主体组织结构扁平化，也使风险管理方式趋向专业化、集中化和流程化。

（6）后台集中统一化管理。流程模块化重构后，后台管理的对象、管理的方式等发生了重要变化，基于流程模块化的后台管理，将预算和绩效考评等管理职能集中，减少了管理环节，加强对前台模块的资源配置和管理决策，激励前台业务模块的价值创造，强化了价值管理战略意图的传达。

价值管理是商业银行亟待研究和解决的重大理论和实践课题，本书作者作出了一定的努力。由于问题本身的复杂性和挑战性，加之作者能力有限，本书的研究还存在一些不足：一是本书力求构建一个包含价值管理关键内容和方法的商业银行价值管理体系，研究主题略显宽泛；二是囿于作者的计量知识、数理能力和银行数据安全性与商业机密等客观因素，本书实证研究不足。

参 考 文 献

［1］兹维·博迪，罗伯特·C. 莫顿. 金融学［M］. 伊志宏，欧阳颖，贺书捷，等，译. 北京：中国人民大学出版社，2000：16.

［2］保罗·H. 艾伦. 银行再造：生存与成功范例［M］. 修订本. 柳星，译. 北京：中国人民大学出版社，2006：201.

［3］Arnold G, Davies M. Value – based Management：Context and Application. John Whey & Sons LTD, 2003, 34 – 78.

［4］Christopher D Ittner, David F Larcker. Assessing Empirical Research in Managerial Accounting：A Value – based Management Perspective. Journal of Accounting and Economics, 2001, 32 （1 – 3）：349 – 410.

［5］Michael C Jensen. Value Maximization, Stakeholder Theory, and the Corporation Objective Function. Business Ethics Quarterly, 2002, 12 （2）：235 – 256.

［6］Waiters D, Halliday M, Glaser S. Added Value, Enterprise Value and Competitive Advantage. Management Decision, 2002, 16 （9）：823 – 860.

［7］Mark L Frigo. Nonfinancial Performance Measures and Strategy Execution. Strategic Finance, 2002, 84 （2）：6 – 9.

［8］Joln D Martin, Petty J. Value Based Management：The Corporate Response to the Shareholder Revolution. Harvard Business School Press, 2000, 57 – 90.

［9］Chopp S, John K Paglia. Build a Culture of Value Creation. Graziadio Business Report, 2001, (5): 450 – 468.

［10］Samuel C Weaver, Weston J F. A Unifying Theory of Valve Based Management. Anderson Graduate School of Management Press, 2003, 340 – 390.

［11］Malmi T, Ikaheimo S. Value Based Management Practices – Some Evidence from the Field. Management Accounting research, 2003, 14 (3): 235 – 254.

［12］Asaf S. Executive Corporate Finance, the Business of Enhancing Shareholder Value. Prentice Hall, 2004, 245 – 289.

［13］Comper T. Maximizing Value Managing Change. Ivey Bussiness Journal, 1999, (5/6): 1 – 26.

［14］Pitman B. Leading for Value. Harvard Business Review, 2003, 81 (4): 41 – 46.

［15］汪平. 财务理论 ［M］. 北京：经济管理出版社，2003：17 – 25.

［16］杜胜利. CFO 管理前沿——价值管理系统框架模型［M］. 北京：中信出版社，2003：15 – 18.

［17］汤谷良，林长泉. 打造 VBM 框架下的价值型财务管理模式 ［J］. 会计研究，2003 (12)：23 – 27.

［18］张振川. 现代企业风险价值管理问题探讨 ［J］. 会计研究，2004 (3)：55 – 58.

［19］傅元略. 价值管理的新方法：基于价值流的战略管理会计 ［J］. 会计研究，2004 (6)：48 – 52.

［20］刘淑莲. 企业价值评估与价值创造战略研究——两种价值模式与六大驱动因素 ［J］. 会计研究，2004 (9)：67 – 71.

［21］张悦玫. 基于价值增长的企业绩效评价体系研究 ［D］. 大连：大连理工大学管理学院，2004：23 – 26.

［22］徐鸣雷．基于企业价值的财务战略管理研究［D］．大连：大连理工大学管理学院，2004：35－50．

［23］汪平．基于价值的企业管理［J］．会计研究，2005（8）：63－66．

［24］汪平，张建华．价值最大化与利益相关者理论的融合——兼论企业价值最大化目标的生命力［J］．财会通讯（综合版），2005（2）：32－34．

［25］罗菲．基于价值的管理［D］．大连：东北财经大学会计学院，2007：2－9．

［26］张金胜．中信证券公司基于 EVA 价值管理的公司内部治理研究［D］．西安：西北大学工商管理学院，2003：64－66．

［27］范松林，李文娟．宝钢钢管公司构建价值贡献模型探索［J］．会计研究，2004（5）：57－61．

［28］胡响钟．以价值为导向的宝钢股份财务管理模式［J］．财务与会计，2005（2）：13－16．

［29］何午初．VBM 在中国 TCL 集团的应用研究［D］．北京：首都经济贸易大学会计学院，2005：1－7．

［30］李艳明，赵立成．从制度创新看国有商业银行的价值管理［J］．金融经济，2004（7）：7－9．

［31］河川．我国商业银行不良资产价值管理——机理和方法［D］．南京：河海大学，2004：115－126．

［32］中国工商银行上海市分行计划财务部课题组．以经济资本管理为核心逐步实现全面价值管理［J］．金融管理与研究，2006（8）：14－20．

［33］曹军．建立以价值管理为核心的商业银行管理会计体系［J］．山西师范大学学报（社会科学版）研究生论文专刊，2006（9）：32－34．

［34］李志成．美联银行的经营状况分析与价值管理体系［J］．

农村金融研究，2006（10）：32 – 38.

［35］关新红. 中国商业银行创值能力研究［M］. 北京：社会科学文献出版社，2006：71 – 102.

［36］张玉喜. 商业银行价值管理研究［J］. 改革与战略，2007（7）：55 – 58.

［37］李文. 从利润管理到价值管理——商业银行资本管理探析［M］. 北京：中国金融出版社，2007.

［38］李明熙. 商业银行价值管理［M］. 北京：中国金融出版社，2007：159 – 247.

［39］闫冰竹. 商业银行价值管理［M］. 北京：中国金融出版社，2008.

［40］中国农业银行计划财务部课题组. 构建全面价值管理体系［J］. 农村金融研究，2008（4）：34 – 37.

［41］顾昇. 我国商业银行实现有效再造的途径及对策研究［D］. 长沙：中南大学商学院，2005：2 – 7.

［42］Lowell L Bryan. Breaking up the Bank：Rethinking an Industry under Seige. Irwin Professional Pub，1988，23 – 56.

［43］George M Bollenbacher. The New Business of Banking. Bankers Publishing co. ，1992，160 – 230.

［44］Paul H Allen. Reengineering the Bank：A Blueprint for Survival and Success. McGraw – Hill Professional Book Group，1994，140 – 167.

［45］John H Wolfarth，Milligan W. Is Reengineering Just Another Fad Diet. US Banker，1995，106（12）：44 – 55.

［46］Donald B，Taylor T，Donna B Stoddard. Reengineering Business Change of Mythic Proportions. MIS Quarterly，1999，18（2）：121 – 127.

［47］Middleton P. The New Revolution. Banker，2000，（7）：

120 – 122.

［48］ James M Neckopulos, Andrea A. Meeting the Challenges, Bankers Magazine, 1993, l77 （3）: 19 – 22.

［49］ Hall G, Rosenthal J, Wade J. How to Make Reengineering Really Work. Harvard Business Review, 1993, 71 （6）: 119 – 131.

［50］ Zack J. In Kentucky, Big Dreams of the Future of Banking. American Banker, 1994, （12）: 1 – 3.

［51］ Zack J. Reengineering, However Defined, Is Growing Changing. American Banker, 1995, （7）: 12 – 15.

［52］ Drew S. BPR in Financial Services: Factors for Success. Long Range Planning, 1994, 27 （5）: 25 – 41.

［53］ Drew S. Accelerating Change: Financial Industry Experiences with BPR. International Journal of Bank Marketing, 1996, 14 （6）: 23 – 36.

［54］ Motley L Bif, Wood P. Increasing Customer Satisfaction through Reengineering. Bank Marketing, 1995, 27 （12）: 13 – 18.

［55］ Biff L Jonhson, Eytan J, Kevin B. Chemical Bank Adopts a Holistic Approach to Successfully Transforming its Retail Franchise in New York. Business Change & Reengineering, 1995, 2 （4）: 43 – 52.

［56］ Karin N, Alan C. Case Study: Service Quality, Business Process Re – engineering and Human Resources: A Case in Point. International Journal of Bank Marketing, 1998, 16 （6/7）: 225 – 242.

［57］ 王元龙. 论国际银行业的发展趋势 ［J］. 国际金融研究, 2002 （3）: 31 – 38.

［58］ 邓瑛. 从 BPR 到 CRM: 国外银行再造的发展方向、核心策略及启示 ［J］. 广东商学院学报, 2002 （2）: 40 – 44.

［59］ 欧永生. 国有商业银行的业务流程再造 ［J］. 价值工程, 2003 （4）: 73 – 77.

［60］张献和，刘杰斌．我国商业银行的组织结构与流程的再造［J］．东北大学学报（社会科学版），2005（2）：101－103.

［61］肖元飞．基于制度变迁理论的我国商业银行业务流程再造研究［D］．南京：河海大学商学院，2007：6－9.

［62］金运，陈辛．银行再造：浦发银行重组上市的探索与前瞻［M］．上海：上海人民出版社，2000：34－45.

［63］王德培．中国银行：再造有多险［M］．上海：文汇出版社，2001：145－167.

［64］田晓军．银行再造［M］．上海：上海财经大学出版社，2002：20－43.

［65］刘桂平．中国商业银行再造［M］．北京：中国金融出版社，2002：70－102.

［66］聂叶．银行再造：理论与实践［M］．北京：中国金融出版社，2004：52－60.

［67］张民．现代商业银行管理再造［M］．北京：中国金融出版社，2004：354.

［68］方五一．我国商业银行业务流程再造研究［M］．北京：中国财政经济出版社，2007：31－34.

［69］Robert S Kaplan，David P Norton. Strategy Maps. Harvard Business School Publishing，2004，102.

［70］Johnson H. Re－engineering the Bank. Canadian Banker，1995，102（1）：23－27.

［71］Malhotra Y. Bussiness Process Redesign：An Overview. IEEE Engineering Management Review，1998，26（3）：200－215.

［72］孙国忠，赵文祥．关于对业务流程重组的再评价［J］．工业经济，2001（6）：66－67.

［73］Davenport H. Technology and Business Process. Harvard Business Review，2002，（7）：5－9.

［74］ Hammer M, Champy J. Reengineering the Corporation: A Manifesto for Business Revolution. London: Harper Collins Publishers, 1993, 68.

［75］芮明杰，钱平凡. 再造流程［M］. 杭州：浙江人民出版社，1997：99.

［76］张继焦. 将企业流程链起来［J］. 智囊，2001（10）：33－35.

［77］ Hammer M. Reengineering Work: Don't Automate, Obliterate. Harvard Business Review, 1990, (7/8): 104－112.

［78］青木昌彦，安藤晴彦. 模块时代：新产业结构的本质［M］. 周国荣，译. 上海：上海远东出版社，2003：102－105.

［79］吴清华，王平心，丁菊敏. 基于作业价值分析的价值链管理：一个理论框架［J］. 管理评论，2005（4）：27－32.

［80］ Coase R. The Nature of the Firm. Economica, 1937, 16 (4): 386－405.

［81］安塞尔·M. 夏普登. 社会问题经济学第13版［M］. 北京：中国人民大学出版社，2000：65－66.

［82］罗珉. 基于价值星系的超企业研究［M］. 成都：西南财经大学出版社，2006：26.

［83］罗珉，冯俭. 组织新论：网络经济条件下的组织管理新范式［M］. 成都：西南财经大学出版社，2005：101.

［84］哈耶克. 哈耶克思想精粹［M］. 冯克利，译. 南京：江苏人民出版社，2000：87.

［85］ Baldwin Y Carliss, Clark B Kim. Managing an Age of Modularity. Harvard Business Review, 1997, 75 (5): 48－57.

［86］赵卫东，黄丽华. 流程的协调管理研究［J］. 管理科学与工程，2003（2）：41－46.

［87］钱平凡. 基于产业集群的我国科技创新战略研究［J］.

经济纵横，2004（3）：20－24.

［88］Baldwin Y Carliss，Clark B Kim. Design Rules：The Power of Modularity. Cambridge，Mass：MIT Press，2000，134－167.

［89］童时中. 模块化原理设计方法及应用［M］. 北京：中国标准出版社，2000：103.

［90］艾迪·凯德. 银行风险管理［M］. 王松奇，张云峰，译. 北京：中国金融出版社，2004：1.

［91］戴相龙. 商业银行经营管理［M］. 北京：中国金融出版社，1988：315.

［92］David H Pyle. Bank Risk Management：Theory. Working Paper. University of California，Berkeley，1997，23－36.

［93］曾菁菁，高淑敏. 商业银行风险与价值管理的核心——经济资本［J］. 金融与经济，2007（2）：40.

［94］陈四清. 资本管理和风险管理的关系［J］. 中国金融，2005（17）：14.

［95］杨忠智. 风险管理的价值与风险管理效益的最优化研究［J］. 经济论坛，2008（3）：71.

［95］肖钢. 加强和改善银行风险管理体系［J］. 银行家，2004（6）：38.

［97］王志诚，周春生. 金融风险管理研究进展——国际文献综述［J］. 管理世界，2006（4）：164－165.

［98］Modigliani F，Miller M. The Cost of Capital，Corporate Finance and the Theory of Investment. The American Economic Review，1958，48（3）：261－297.

［99］Lisa K Meulbroek. The Promise and Challenge of Integrated Risk Management. Risk Management & Insurance Review，2002，5（1）：55－66.

［100］Smith C，Stulz R. The Determinants of Firms' Hedging Poli-

cies. Journal of Financial and Quantitative Analysis, 1985, 20 (4):
391 – 405.

［101］Dionne G, Triki T. On Risk Management Determinants:
What Really Matters. Working Paper. Canada Research Chair in Risk
Management and HEC Montreal, 2004, 4 – 40.

［102］Stulz R. Managerial Discretion and Optimal Financing Poli-
cies. Journal of Financial Economics, 1990, 26 (1): 3 – 28.

［103］Froot K, Scharftein D, Stein J. Risk Management: Coordina-
ting Corporate Investment and Financing Policies. Journal of Finance,
1993, 48 (5): 1629 – 1658.

［104］阿尔弗洛德·拉帕波特. 创造股东价值［M］. 丁世艳,
郑迎旭, 译. 昆明: 云南人民出版社, 2002.

［105］汤谷良, 杜菲. 试论企业增长、盈利和风险三维平衡战
略管理［J］. 会计研究, 2004 (11): 33 – 35.

［106］陈四清. 论在规范商业银行公司治理中推进风险管理改
革［J］. 国际金融研究, 2004 (12): 64 – 68.

［107］骆德明. 部门预算——商业银行预算管理体制改革的发
展方向［J］. 金融会计, 2003 (3): 19 – 22.

［108］张立. 以价值为导向的企业集团全面预算控制模式研究
［D］. 北京: 北京化工大学管理学院, 2006: 26 – 28.

［109］严复海, 宋玉. 企业流程网络型组织结构下预算组织体
系的重构［J］. 经济与管理研究, 2004 (6): 242 – 244.

［110］柴建尧. 我国商业银行绩效考核创新［J］. 浙江金融,
2007 (6): 20 – 21.

［111］杨学锋. 中国商业银行经营绩效评价体系研究［D］. 武
汉: 华中科技大学经济学院, 2006: 75 – 78.

［112］高静文. 信息技术对商业银行后台组织设置的影响研究
［J］. 北京工商大学学报, 2005 (7): 65 – 68.

［113］刘荣成. 论国有商业银行财务管理信息系统的现状及未来发展思路［J］. 财会研究，2005（11）：44 – 46.

［114］任辉. 关于我国商业银行实施财务集中管理的分析［J］. 金融与经济，2006（4）：59 – 61.

致　谢

　　这部论著是我的博士学位论文。在论文付梓之际，我的心久久不能平静，回望论文的写作历程，字里行间的背后承载了多少艰辛和汗水，也深深体会到博士学位论文写作是人生的一次历练。谢谢这一路默默陪伴着我的老师、亲人、朋友、同事，此刻纵有千言万语也只能凝聚在"谢谢"中。

　　感谢我的导师谢赤教授！导师才华横溢，治学严谨，学术涵养深厚，他渊博的知识和丰富的经验使我在理论研究和实践应用方面受益匪浅。导师对学生宽容、信任、关心。每当写作中遇到难题，导师用他开阔的视野和前瞻性的学术思维给予我启发，常常让我茅塞顿开，同时给予我殷切的鼓励。为了我的论文写作他倾注了不少心血，他带给我的是严格的要求、悉心的鼓励与指导。在日常生活中，导师平易近人，对学生更是关怀备至，谦和的学者风范，慷慨的助人作风，都对我有着深刻的影响，将使我终身受益。

　　感谢学院的领导和教师，在我求学期间对我的宽容和鼓励。感谢家人，他们默默为我作出了很多的牺牲，没有他们的鼓励就没有我今天的成绩。感谢同事，为我论文的写作收集了相关实践方面的资料，感谢他们给我一贯的关怀、支持和理解。

　　论文写作虽然结束了，但是关于这一课题的理论探讨却刚刚开始。今后研究的道路还很漫长，我将结合工作实践，继续关注和研究商业银行价值管理的实践这一课题，力争在理论和实践中取得更大的突破。

韩　明

2010 年 6 月于北京

金融博士论丛